JN421874

Basic Western Cuisine

만들기 쉬운 서양조리

진 양 호

한국산업인력공단 양식조리사 실기문제 수록

지구문화사
JIGU PUBLISHING Co.

Preface

"Back to the Basic"

기본으로 돌아가자.

20세기 말미의 IMF와 2008년 연말부터 불어 닥친 금융위기에 의한 세계 경제위기로 인해 호텔이나 외식 산업의 전반적인 상황은 엄청난 충격 속에 빠져있었습니다. 그러면서 부르짖는 구절이 '기본으로 돌아가자' 였습니다.

식당의 기본 원칙으로는 맛, 서비스, 청결, 분위기, 가치, 시간 등 6가지가 있습니다.

그 중 첫 번째가 음식의 맛입니다.

현재 음식의 트랜드는 건강 · 친환경 · 웰빙 등 안전 · 안심입니다. 또 우리나라에서 "한국음식 세계화"라는 슬로건으로 세계 각 나라에서 한국음식이 뿌리내릴 수 있는 방법은 무엇일까 하며 몰입하고 있는 상태인데, '적을 알고 나를 알면 백전백승' 이라는 손자병법에서 처럼 다른 나라 음식을 우리가 바로 진단해야만 세계화에 도달할 수 있을 것입니다.

서양조리는 그러한 의미에서 철저한 기초지식을 바탕으로 기술을 십분 발휘하면 훌륭한 요리를 완성할 수 있습니다.

이 책은 2009년 개편된 한국산업인력공단 양식조리기능사 실기문제와 서양요리에 있어 가장 기본적인 것을 사진과 함께 수록했습니다.

서양 요리를 담당하는 호텔이나 외식업체 조리사, 외식업체 사장님들, 메뉴를 개발하는 R&D 소속에 계신 분들, 조리관련학과 대학생들, 양식요리를 배우고자 하는 학원생들, 양식요리를 체계적으로 공부하고 싶은 분들, 요리에 관심 있는 일반 가정주부님들에게 많은 도움이 될 수 있기를 바랍니다.

끝으로 이 책이 나올 수 있도록 뒤에서 도와주신 김윤민 교수, 김성수 조교를 비롯한 조교들께 진심으로 사의를 표하며, 출판해주신 지구문화사 주병오 사장님과 임직원 여러분께 깊은 감사를 드립니다.

무술년

광교산기슭에서

저 자 씀

Contents

제5장 수프요리 | Soup |

제6장 생선요리 | Fish |

제7장 주 요리 | Main Dish |

제8장 야채요리 | Vegetables |

제9장 샐러드 | Salads |

제13장 빵과 후식 | Bread & Dessert

제14장 음료 | Beverage

제1장 서론

Introduction

1-1 조리의 의의

우리 인류가 식품을 조리하여 먹기 시작한 것은 불을 발견한 이후로, 조리의 방법과 형태는 문명의 발달과 더불어 많은 변화를 가져왔으며, 이 변화의 중심은 미각적 · 시각적 · 영양적인 면이 중요시되었다.

오늘날에는 맛에 있어서 가급적 인공적으로 맛을 가미하지 않은 자연적인 순수한 맛이 요구되고 있다. 그러나 시각적인 면에서는 복잡함을 피할 수 있는 단순하면서도 자연스러운 조화의 표현 기법이 요구되고 있다.

또, 영양적인 면에서는 경제성장에 따라 생활 수준의 향상으로 고혈압, 비만, 당뇨병 등 고열량 섭취에 따른 각종 성인병이 증가하고 있다. 그리고 바쁜 생활 환경의 영향으로 편이식(Fast Food, Instant Food)의 이용이 많아졌다.

이러한 점을 모두 고려할 때 영양의 과잉 섭취보다는 건강식(Health Care Food)에 대한 배려가 중요하다.

조리란 식품에 조미료를 첨가하거나 가열하는 등의 수단으로 음식물을 만드는 과정을 말한다. 이때 사용하는 식품의 재료는 각종 농축산물과 수산물을 공급받는다. 이와 같이 식품으로 공급되는 물자를 식재료라 한다.

식재료는 그대로 식용이 될 수 있는 것도 있으나 대부분은 가공하여 저장 · 운반 · 판매하기 편리하게 만들어지는데, 이와 같이 모양이 달라진 식재료를 식품이라고 한다. 현재 우리들이 먹고 있는 식품은 약 400종류 이상에 달한다. 즉, 조리란 식품에 물리적 · 화학적 방법을 가하여 합리적인 음식물로 만드는 과정이다. 그래서 조리는 식품에 조미료를 첨가해서 맛을 내어 기호에 맞도록 해야 하며, 또한 건강을 지킬 수 있도록 위생적이어야 하고 영양효율을 높이며, 소화 · 흡수되기 쉬운 상태로 만들어야 한다는 데 의의가 있다.

1-2 서양요리의 개요

서양요리는 프랑스 요리를 바탕으로 미국이나 유럽 등의 지역의 기후, 특산물, 풍습 등에 따라 여러 가지 특색있는 요리로 개발되어 가고 있다. 따라서 프랑스 요리가 서양요리를 대표한다고 볼 수 있다.

이는 프랑스가 역사적으로 정치문화의 중심지였기 때문이다. 또한 지형적으로도 스페인, 독일, 스위스, 이탈리아 등과 인접하고 있어서 쉽게 문화교류가 이루어졌으며, 요리에 필요한 식재료나 버터 등의 유제품과 포도주 등이 풍부하여 요리가 발달할 수 있는 여건이 조성되었기 때문이다. 그러나 현재는 각 나라별로 국민들의 식성에 맞추어 요리가 변화 · 발달해 가고 있다.

특히 향신료와 조미료가 다양하며, 기본적으로 사용하는 기름도 다음과 같이 다르다.

프 랑 스 …… 버터(Butter)
미 국 …… 샐러드 오일(Salad Oil)
이 탈 리 아 …… 올리브 오일(Olive Oil)
독 일 …… 라드유(Lard)
영 국 …… 육즙(Jus)
중국 · 일본 …… 장유(醬油)
한 국 …… 참기름(Sesame Oil)

또한 조리의 최종 단계인 간을 맞추는 데 있어서도 한국을 비롯하여 아시아 지역은 식품 1Kg에 소금 18~20g, 미국 지역은 22~24g, 유럽 지역은 26~28g 정도를 사용한다.

이와 같이 지역에 따라 각기 다른 점이 많기 때문에 음식을 조리한다는 것은 여간 어려운 일이 아닐 수 없다. 더군다나 음식을 조리할 때에 정성이 깃들지 않으면 사료에 지나지 않는 음식을 만드는 것과 같다.

따라서 조리를 할 때에는 근본적으로 맛있고 영양이 많고 위생적으로 안전하게 하면서 각 지역의 특성과 풍습 등에 맞는 향신료나 조미료 등을 사용하며 정성을 들여야 훌륭한 요리를 만들어 낼 수 있다.

1-3 요리 재료의 계량

도량형은 그 계량에 따라 조리된 요리의 맛이 조금씩 달라진다. 특히 제빵이나 제과 부분에 있어서는 현저한 차이가 나타난다. 그러므로 식재료의 계량에 있어서는 주의하지 않으면 안 된다.

원래 서양 요리에는 도량형 계량 단위가 유럽에서 미국으로, 미국에서 동양으로 전파되었다. 그 때문에 각기 그 지역과 나라에 따라 약간의 차이가 있다.

표 1-1 물의 계량 단위

컵 (cups)	파인트 (pints)	쿼트 (quarts)	온스 (ounces)	파운드 (pounds)	그램 (grams)
1/2	1/4	1/8	4.15	1/6	75
1	1/2	1/4	8.3	1/3	150
2	1	1/2	16.62	1	450
4	2	1	33.24	2	900

표 1-2 그램 · 온스 · 파운드

그램	온스	파운드	그램	온스	파운드
28.35	1	0.06	255.15	9	0.56
56.70	2	0.12	283.50	10	0.63
85.05	3	0.19	311.85	11	0.69
113.40	4	0.25	340.20	12	0.75
141.75	5	0.31	368.55	13	0.81
170.10	6	0.38	396.90	14	0.88
198.45	7	0.44	425.25	15	0.94
226.80	8	0.50	453.60	16	1.00

1 Gallon (12802) = 4 Quarts (1Qt=3202) = 8 Pints (1Pt=1602) = 16 Cups (1cup=802)

Gallon   Half-gallon   Quart   Pint

1 스푼(spoon) 및 기타 계량

- 3티 스푼(tea spoons) = 1테이블 스푼(table spoon)
- 4테이블 스푼 = $\frac{1}{4}$ 컵(cup)
- 5$\frac{1}{3}$ 테이블 스푼 = $\frac{1}{3}$ 컵
- 8테이블 스푼 = $\frac{1}{2}$ 컵
- 10$\frac{2}{3}$ 테이블 스푼 = $\frac{2}{3}$ 컵
- 12테이블 스푼 = $\frac{3}{4}$ 컵
- 16테이블 스푼 = 1컵
- 1그램 = 0.035온스
- 1컵 = 8온스
- 2컵 = 1파인트
- 1테이블 스푼 = 15그램
- 1티 스푼 = 5그램
- 4컵 = 1쿼트
- 4쿼트 = 1갤런(gallon)
- 1쿼트 = 964.4 밀리리터(milliliters)
- 1컵 = 0.24리터
- 1온스 = 30밀리리터(㎖)
- 1 갤런 = 3.8리터

2 비상 계량법

- 1테이블 스푼의 콘스타치(cornstarch)의 농도 또는 접착도 = 2테이블 스푼의 밀가루
- 1티 스푼의 베이킹 파우더 = $\frac{1}{4}$ 티 스푼의 베이킹 소다
- 1조각(4g)의 생 이스트 = 1봉(2g)의 드라이 이스트(dry yeast)
- 1컵의 우유 = 농축(evapoorated) 우유 $\frac{1}{2}$ 컵 + 물 $\frac{1}{2}$ 컵
- 1개의 계란 = 2개의 노른자
- 1개의 작은 양파 = 1테이블 스푼의 말린 양파
- 1개의 마늘쪽 = $\frac{1}{8}$ 티 스푼의 마늘가루
- 1컵의 토마토 주스 = $\frac{1}{2}$ 컵의 토마토 페이스트 + $\frac{1}{2}$ 컵의 물
- 1컵의 토마토 케첩 = 1컵의 토마토 페이스트 + $\frac{1}{2}$ 컵의 설탕 + 2테이블 스푼의 식초
- 28조각의 크래커 = 1컵의 가루(crumbs)
- 2조각의 식빵 = 1컵의 빵가루
- 4온스의 마카로니 = 1$\frac{1}{4}$ 컵(삶은 것)
- 7온스의 스파게티 = 4컵(삶은 것)
- 1컵의 쌀 = 2$\frac{1}{2}$ 컵의 밥

3 온도 계산법

- 섭씨(°C : Centigrade)
- 화씨(°F : Fahrenheit)
- 섭씨를 화씨로 고치는 공식 → ℉=(℃ × 1.8) + 32
- 화씨를 섭씨로 고치는 공식 → ℃=(℉ −32) ÷ 1.8

4 생략 부호

- C = cup
- Cm = Centimeter
- g = gram
- gal. = gallon
- in = inch
- 1b = pound
- ℓ = liter
- mℓ = milliliter
- oz = ounce
- Pt = pint
- qt = quart
- ts = tea spoon
- Tbs = table spoon

제2장 기본조리방법

Basic cooking

2-1 기본 조리법

서양요리를 하는 데 있어서 식재료의 종류와 양에 따라 소요되는 시간과 열전도가 각각 다르며, 같은 식재료라 할지라도 조리법과 시간에 따라 맛과 색 및 영양가가 각기 다르기 때문에 다음과 같은 기본 조리법은 매우 중요하다.

(1) 삶기(Boiling : Bouillir)

물이나 stock에 식재료를 넣고 끓이는 방법이다. 재료에 따라 다음과 같이 여러 가지 방법으로 나눈다.

① 감자, 뼈, 건조한 야채 등은 찬물에 뚜껑을 덮고 끓인다. 이유는 물을 흡수하여 표면상의 물의 경도나 질감을 막고 골고루 조리하기 위해서이다.

② 맑은 stock, 고기, 젤리 등은 찬물이나 stock에 뚜껑 없이 끓인다. 이유는 비등점 이하에서 조리하기 때문에 딱딱해짐을 방지하기 위해서이다.

③ 스파게티나 마카로니 등은 끓는 물에 뚜껑 없이 빨리 끓인다. 이유는 껍질의 전분이 젤라틴화되어 서로 붙지 않게 하기 위해서이다.

④ 야채는 끓는 물에 뚜껑을 덮고 빨리 끓인다. 이유는 비타민, 무기질, 색깔 등을 유지시키기 위해서이다.

⑤ 쇠고기나 양고기 등은 뜨거운 물이나 stock에 뚜껑 없이 천천히 끓인다. 이유는 처음에 높은 온도로 기공을 닫기 위해서이며, 나중에는 온도를 줄여서 은근하게 끓인다.

⑥ 쇠고기나 닭고기 등을 끓는 물에 2~3분간 넣었다 건져 낸 다음에 다시 끓이는 이유는, 표면의 불순물을 제거하고 단백질의 유실을 방지하며 기공을 막기 위해서이다.

씨머링(Simmering)

포칭과 삶기의 혼합 조리방법으로 95°C~98°C 정도에서 끓이는 것을 말한다.

(2) 데치기(Blanching : Blanchir)

물 또는 기름과 식재료를 10 : 1의 비율로 끓는 물에 짧게 조리하는 방법과 찬물에 서서히 끓여 조리하는 방법이 있는데, 전자는 야채와 감자를 조리할 때 기공을 닫아 주어 색과 영양을 보존하기 위해서이다.

후자는 뼈나 자른 고기, 절인 고기, 햄 등을 조리할 때 표면의 불순물 제거와 피 등을 빼내고 강한 맛을 덜기 위해서이다.

(3) 포칭(Poaching: Pocher)

달걀이나 생선 등을 비등점 이하에서 물이나 stock에 끓이는 방법이다.

포칭에서 주의할 점은 80℃를 넘지 않게 함으로써 단백질 유실이 일어나지 않게 하고 건조와 딱딱함을 방지하며, 천천히 조리해야 하는 것이다.

(4) 증기 찌기(Steaming: Cuire a Vapeur)

증기를 사용하여 조리하는 방법으로 야채류를 조리할 때 많이 사용한다.

압력을 주는 방법과 압력을 주지 않는 방법이 있다. 이 방법은 물에 조리하는 것보다 풍미나 영양적으로 좋다.

(5) 튀기기(Deep Fat Frying: Frire)

기름에 음식물을 튀겨 내는 방법이다. 튀김 온도는 172~185℃ 정도가 좋다.

기름의 온도를 조리하지 않을 때에는 93℃ 정도로 맞추어 놓았다가 조리할 때 온도를 높인다.

기름에 비하여 식품의 양을 한꺼번에 많이 넣지 않도록 주의해야 한다. 그 이유는 기름의 온도가 급속히 내려가면 식품에 기름이 많이 흡수되기 때문이다.

(6) 순간 볶음(Sauteing: Sauter)

프라이팬에 소량의 기름을 넣고 160~240℃에서 살짝 볶아내는 방법이다. Pan Frying이나 Shallow Frying이라고도 부른다.

잘게 썬 고기류나 야채 등은 팬을 자주 돌리면서 조리해야 한다. 그리고 Steaks, Cutlets, Fish 등은 팬을 흔들지 않고 색깔이 날 수 있도록 조리해야 한다.

(7) 석쇠나 철판굽기(Broiling and Grilling: Griller)

Broiling은 석쇠 위에서 직접 불에 굽는 방법이고, Grilling은 간접적으로 가열된 금속의 표면에 굽는 방법이다. 이 방법으로는 세 가지가 있는데, 석쇠 위에서 아래의 열로 굽는 Under Heat 방법, Salamander와 같이 위에서 열이 나와 굽는 Over Heat 방법, 그리고 Toaster기와 같이 양쪽 열로 굽는 Between Heat 방법이 있다.

(8) 그라탱(Gratinating : Gratiner)

요리할 음식 위에 Butter, Cheese, Egg, Sauce 등을 올리고 Salamander나 Oven 등으로 열을 가해서 색깔을 내는 데 주로 사용하는 방법이다.

(9) 오븐 굽기(Baking : Cuire au Four)

오븐에서 건조열로 굽는 방법으로 Bread류, Tart류, Pie류, Cake류 등 Bakery에서 많이 사용되며, 감자나 햄을 요리할 때도 많이 사용된다.

(10) 로스팅(Roasting : Rôtir)

육류나 가금류 등을 통째로, 또는 큰 덩어리의 고기를 지방을 위쪽으로 하여 오븐에 굽는 방법이다. 이 방법은 뚜껑을 덮지 않고 조리한다. 처음에는 210~250℃에서 시작하여 150°C~200°C에서 끝낸다.

(11) 브레이징(Braising : Braiser)

뚜껑을 덮은 후에 오븐 속에서 적은 양의 고기즙을 음식에 끼얹어 주고, 고기를 연하게 하기 위해서 낮은 온도의 열을 가하여 조리하는 방법이다. 통상 온도는 180~200℃에서 끝낸다.

(12) 글레이징(Glazing : Glacer)

설탕이나 버터, 고기즙 등을 조려서 음식에 코팅시키는 조리 방법이다.

(13) 푸왈레(Poeler : Poelage)

오븐의 온도를 조절해 가면서 많은 양의 버터 속에서 고기를 조리하는 방법이다.

(14) 스튜(Stewing : Etuver)

고기나 야채 등을 기름에 Saute한 다음 Gravy나 Stock을 넣어 걸쭉하게 끓여내는 조리 방법이다.

(15) 전자 레인지(Micro wave)

초단파 전자 오븐으로, 고열로 짧은 시간에 조리할 때 사용하는 방법이다.

(16) 진공 포장 조리(Vacuum Cooking)

이 방법은 요리를 진공 포장해서 조리하는 방법으로, 완성품을 진공 포장해서 원하는 시간에 데우는 방법이다. 식재료를 진공 포장하여 Poaching이나 Boiling함으로써 영양 손실을 막기 위한 방법이다.

2-2 기본 야채 자르는 방법

(1) 용어

- Allumette(알뤼메뜨) : 성냥개비처럼 길게 써는 것
- Batonnet(바또네) : 작은 막대기형으로 길게 써는 것
- Brunoise(브리누아) : 가로와 세로 3mm의 주사위형으로 써는 것
- Chateau(샤또) : 계란 모양으로 가운데가 굵고 양끝이 가늘게 5cm 정도의 길이로 써는 것
- Cheveux(쉬브) : 머리카락처럼 가늘게 써는 것
- Chiffonade(쉬포나드) : 가는 실처럼 가늘게 써는 것
- Concasser(꽁까세) : 가로와 세로 0.5cm 정사각형으로 얇게 써는 것
- Cornet(꼬흐네) : 나팔 모양으로 써는 것
- Cube(뀌브) : 가로와 세로 1.5cm 주사위형으로 써는 것
- Emincer(에멩세) : 얇게 저미는 것
- Hacher(아세) : 잘게 다지는 것
- Julienne(쥘리엔느) : 5cm 정도의 길이로 가늘고 길게 써는 것
- Macedoine(마세두안) : 과일 종류를 1~1.5cm 주사위형으로 써는 것
- Noisette(누아젯뜨) : 지름 3cm 정도의 둥근형으로 써는 것
- Olivette(올리베트) : 올리브형으로 써는 것
- Parisienne(빠리지엔) : 둥근 구슬같이 써는 것인데 스쿱(scoop)을 이용한다.
- Paysanne(뻬이잔느) : 가로, 세로 1cm로 삼각형이나 장방형으로 얇게 써는 것
- Pont-Neuf(뽕느프) : 가로, 세로 1.5~2cm 크기, 길이 6cm로 써는 것
- Printanier(쁘랭따니에) : 가로와 세로 3.5cm의 주사위형이나 가로와 세로 1cm의 다이아몬드형으로 써는 것

- Rondelle(롱델) : 고리 모양으로 중앙 부분에 구멍 나게 써는 것
- Russe(뤼스) : 가로와 세로 5mm, 길이 2~3cm 정도로 써는 것
- Salpicon(살피콘) : 고기 종류를 작은 정사각형으로 써는 것
- Tourner(뚜호네) : 돌리면서 모양을 내는 것
- Tranche(트랑쉬) : 고기 등을 넓은 조각으로 자르는 것
- Troncon(트랑숑) : 토막으로 자르는 것

(2) 야채 썰기의 형태

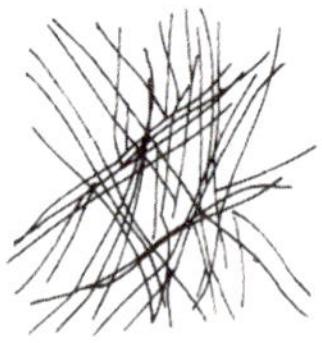

① Vegetables Chiffonade
(Chiffonnade de légumes)

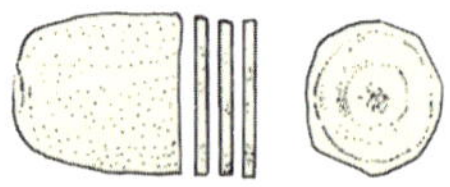

⑥ Carrots Vichy
(Carottes Vichy)

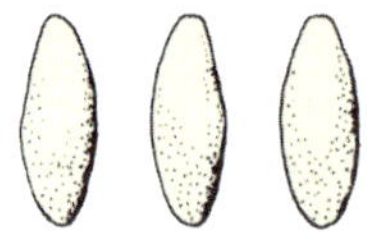

⑨ Spring and Garden Vegetables
(Printaniere et Jardiniere)

② Vegetables Brunoise
(Brunoise de légumes)
1/8 x 1/8 x 1/8"

⑦ Vegetables Julienne
(Julienne de légumes)
1/16 x 1/16 x 1" 2"

⑩ Fermiere, Minestrone
(Paysanne, croute au pot)
1/2 x 1/2 x 1/8"

③ Vegetables Jardiniere
(Jardiniere de légumes)

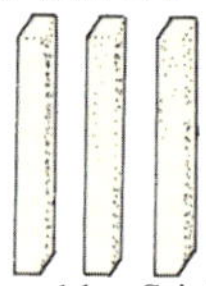

⑧ Vegetables Sticks
(Batonnets de légumes)
1/4 x 1/4 x 2 1/2"

⑪ Vegetables Matignon
(Matignon de légumes)

④ Macedonian Vegetables
(Macédoine de légumes)

⑤ Mirepoix

⑬ Dice
Small : 1/4 x 1/4 x 1/4"
Medium : 1/3 x 1/3 x 1/3"
Large : 3/4 x 3/4 x 3/4"

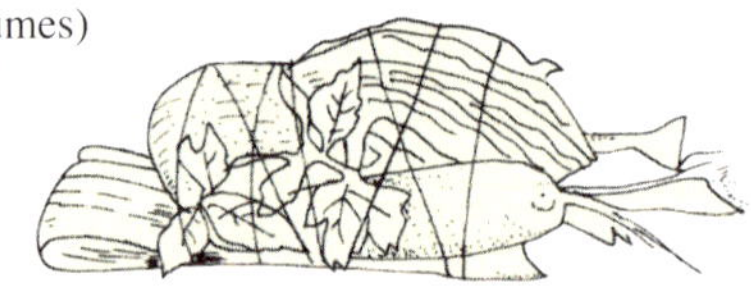

⑫ Bouquet garni

(3) 감자 썰기의 형태 및 감자요리의 형태

① Straw Potatoes
Pommes paille

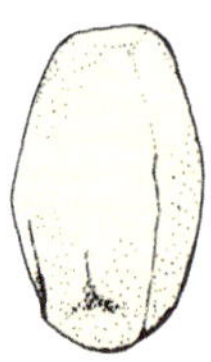

⑤ Potatoes Fondante
Pommes fondantes

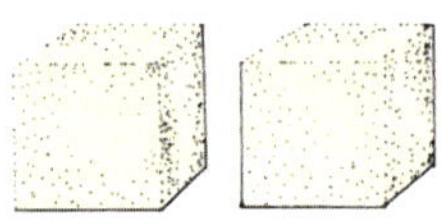

⑨ Potatoes Maxim
Pommes Maxim

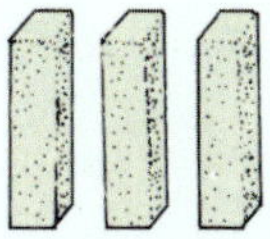

② Potatoes Mignonnettes
Pommes mignonnettes

⑥ Potatoes, Chateau Style
Pommes chateau

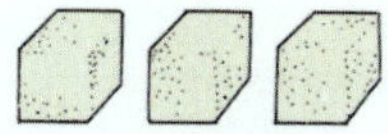

⑩ Potatoes Parmentier
Pommes Parmentier

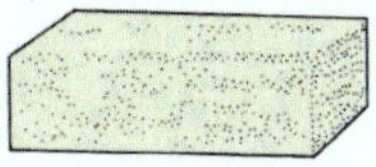

③ Potatoes Pont-neuf
Pommes pont-neuf

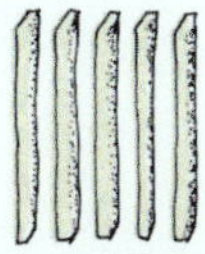

⑦ Matchstick Potatoes
Pommes allumettes

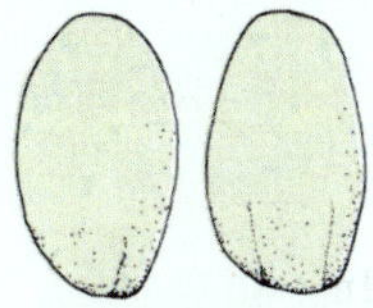

⑪ Boiled Potatoes
Pommes nature

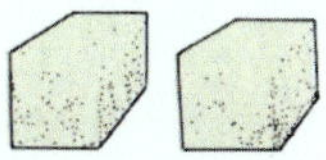

④ Potatoes Rissolé
Pommes Rissolees

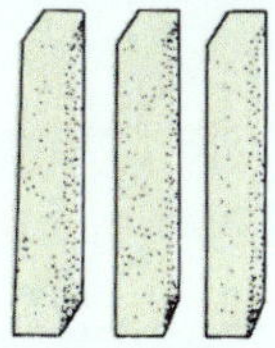

⑧ French Fries
Pommes Fries

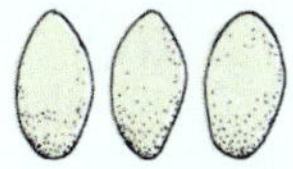

⑫ Potatoes Olivette
Pommes Olivette

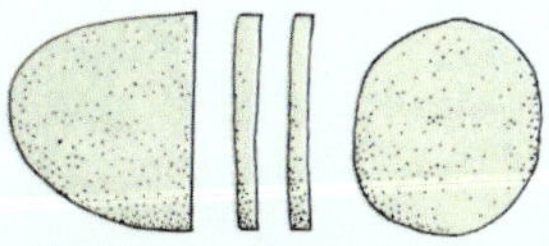

① Potatoes Boulangere Potatoes, Savoy Style
Pommes Boulangere Pommes Savoyarde

⑤ Potatoes Berny
Pommes Berny

⑥ Potatoes St. Florentine
Pommes St. Florentine

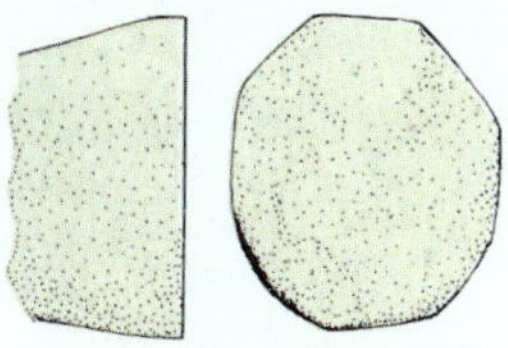

② Potatoes Chips
Pommes Chips

⑦ Potatoes, Duchess Style
Pommes Duchesse

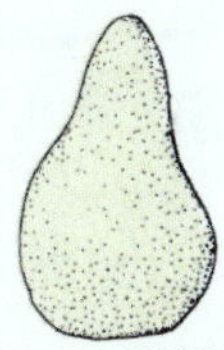

⑪ Potatoes Williams
Pommes Williams

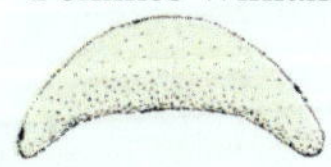

⑫ Potatoes Lorette
Pommes Lorette

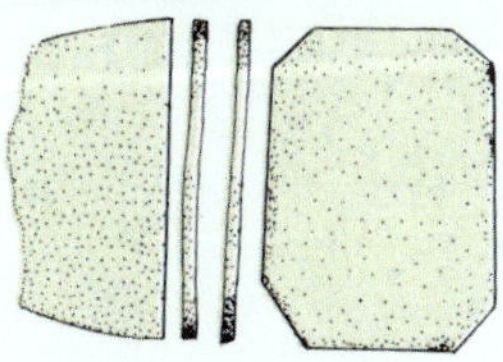

③ Souffle Potatoes
Pommes souffle

⑧ Potatoes, Parisian Style
Pommes Parisienne

⑨ Nut Potatoes
Pommes Noisettes

⑬ Potatoes Croquettes
Pommes Croquettes

④ Potatoes
Pommes Chatouillard

⑩ Waffle Potatoes
Pommes Gaufrettes

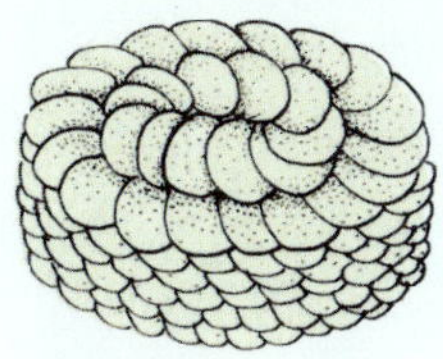

⑭ Potatoes Anna
Pommes Anna

2-3 향신료

향신료는 음식에 풍미를 주어 식욕을 촉진시키는 식물성 물질이며, 영어로는 Spice와 Herb라고 부른다. 스파이스와 허브는 조금 차이가 있는데, Spice는 식물의 어떤 부분에서(가지, 열매, 껍질, 뿌리 등) 얻는 방향성 물질이며, Herb는 이런 식물의 잎만을 사용할 때 부르는 이름이다. Spice는 통째로 또는 가루로 만들어서 사용하지만, Herb는 신선한 형태로 사용하거나 말린 형태로 사용한다. 특이한 향과 맛을 내는 복합 성분의 풍미는 향신료의 신선도와 질에 따라 변한다.

향신료의 기름은 휘발성이고, 향은 따뜻한 곳이나 습한 곳 혹은 개폐된 용기에 저장하면 쉽게 날아가기 때문에 차고 건조한 곳에 저장해야 한다. 그리고 가루 향신료보다는 통째로 보관하는 것이 더 오래 보관할 수 있다. 조리하는 데 있어서 통째 향신료는 처음부터 첨가하고 가루 향신료는 나중에 첨가하여야 한다.

서양 요리에 있어서 향신료는 대단히 중요하기 때문에 다음과 같은 종류는 반드시 알아두는 것이 좋다.

(1) 올스파이스(Allspice: poivre de Jamaique)

자메이카에서 자란다. 정향, 육두구, 시나몬의 맛과 비슷하다. 절임, 스튜, 수프, 소시지 등에 사용한다.

(2) 아니스(Anise: Anis; pimpinella anisum)

원산지는 동양이지만 인디아, 유럽의 남 · 북부, 멕시코, 미국 등에서 자라며 파슬리과 식물이다. 커피 케이크, 쿠키, 시럽, 캔디, 양조 산업에도 쓰인다.

(3) 아테미시아(Artemisia[Wormwood]: Armoise)

아테미시아는 Daisy과에 속하며, 원산지는 유럽이다. 다년생 초본식물로 높이가 90cm까지 자란다. 회녹색의 비단같이 고운 줄기와 잎을 가지고 있고 방향성이 강한 꽃을 피운다. 로스트 거위와 장어 요리에 사용되고 압생트 리큐어와 베르머스 포도주 제조에도 이용된다.

(4) 바질(Basil : Basilic)

동아시아와 중앙 유럽 등에서 자라고 민트과에 속한다. 자라와 감자 수프, 스파게티, 토마토 소스, 사슴 고기, 계란 요리 등에 사용한다. 토마토가 들어가는 음식에 중요한 향신료이다.

(5) 월계수 잎(Bay Leaf : Laurier)

월계수 잎을 건조시켜서 사용하는 것으로 지중해 연안에서 자란다. 피클, 스톡, 스튜, 토마토 요리, 미트 소스 등에 사용한다. 사용하기 전에 잎을 반드시 깨끗하게 씻어서 사용해야 한다.

(6) 보라지(Borage : Bourrache)

원래 지중해 지역에서 나왔으며, 초본과 같이 생긴 이 식물은 휘어진 잎사귀와 줄기에 푸른 꽃이 핀다. 어린 생잎은 샐러드에, 푸른 꽃은 식초의 착색에 이용하며, 건조시킨 것은 양배추 양념으로 이용한다.

(7) 버넷(Burnet : Pinprenelle)

독일과 중앙 유럽에서 재배되며, 장미과 식물로 꽃송이를 가지고 있고 야생으로 자란다. 200종이 넘는 종류가 있고 기름 이외에도 쓴 성분의 액을 함유하고 있기도 하다. 잎은 오이와 같은 맛을 내며 뿌리의 길이는 10~20cm이고, 속은 노란색이며 껍질은 갈색에서 회황색까지 있다. 수프, 소스, 야채, 생선 요리에 사용한다. 또 어린잎은 샐러드로 이용하고 건조시킨 뿌리는 약재로 사용한다.

(8) 캐이퍼(Caper : Capre)

지중해 연안에서 자라는 식물로 잡목의 꽃봉오리이다. 생선, 닭고기, 샐러드, 청어절임 등에 사용한다.

이것은 음식과 함께 요리하지 않고 요리가 끝난 다음에 첨가하는 경우가 많다.

(9) 캐러웨이 시드(Caraway Seed : Carum carvi)

소아시아와 히말리아에서 자란다. 보리빵, 감자, 사워크라우트, 스튜, 케이크, 쿠키 등에 사용한다.

(10) 칼더몬(Cardamon)

인도, 스리랑카, 과테말라에서 생산되는 생강 비슷한 식물의 열매로서 통째로 또는 가루로 만들어서 사용한다. 쿠키, 빵류, 데니시 페스트리, 커피 케이크, 포도, 젤리, 피클 등을 만들 때 사용한다.

(11) 카옌 페퍼(Cayenne pepper: Cayenne)

남아메리카와 아프리카에서 자라며 고추 중에서 제일 맵다. 크림 수프, 고기, 생선, 치즈, 계란 요리에 사용한다.

(12) 처빌(Chervil: Cerfeuil)

서부 아시아, 러시아, 코카서스가 원산지이다. 매우 강한 방향성을 가진 꼬부라진 잎과 북미산 솔나무 같은 꽃을 가지고 있다. 순한 파슬리 향이 난다. 신선한 것은 수프나 샐러드에 이용하고 건조시킨 처빌은 소스의 양념과 양고기에 이용한다.

(13) 차이브(Chive: Ciboulette)

유럽, 미국, 러시아, 일본 등에 널리 퍼져 있다. 정원초로 부추와 같은 속이며 선녹색을 띠고 있다. 관모양처럼 생겼으며 순한 향을 가진 잎과 불그스름한 꽃송이를 지니고 있다. 잎은 다져서 쓰며 가니쉬로 사용한다. 샐러드, 생선, 수프, 크림 치즈, 오믈렛에 이용한다.

(14) 계피(Cinnamon: Cannelle)

중국, 인도네시아, 스리랑카 등에서 생산되는 계피나무 껍질을 그대로 우려서 사용하거나 가루로 만들어 사용한다. 페스트리, 빵, 푸딩, 케이크, 캔디에는 가루를 사용한다. 껍질은 과일 절임, 피클, 과일 수프, 컴포트, 그리고 뜨거운 음료로 쓰인다. 계피기름은 향료나 약재로 쓰인다.

(15) 코리앤더(Coriander: Coriandre)

지중해 연안에서 자란다. 빵, 케이크, 카레, 절임 등에 사용한다.

(16) 정향(Clove: Clou de Girofle)

원산지가 인도네시아인 열대식물의 덜 익은 꽃봉오리를 따서 건조시킨 것이다. 절임, 양고기, 스튜, 수프, 청어절임, 케이크, 빵, 쿠키 등에 사용한다.

(17) 커리(Curry: Curry)

인도에서 생산되며, 엄격한 종교 형식의 전통에 따라 몇 가지의 가루로 된 향료를 섞어서 쓴다. 이 주요 향료는 터메릭, 코리앤더, 생강, Fenugreek, 캐러웨이, 후추, 파프리카를 섞은 것이다. 커리는 달콤하며 혼합이 잘 되고 순한 향을 가지고 있으며 밝은 노란색이다. 고기, 생선, 계란, 닭, 쌀, 송아지, 새우, 야채 등 다양하게 이용된다.

(18) 커민(Cumin)

커민은 파슬리과에 속하며 이란과 모로코에서 생산된다. 커리 파우더와 칠리 파우더에 이용된다. 소시지, 피클, 치즈, 미트 빵, 수프, 파이, 계란 등에 사용된다.

(19) 셀러리 시드(Celery seeds)

셀러리의 종자로 방향이 있다. 피클, 샐러드, 생선, 채소 요리에 사용된다. 통째로 가루로 만들어서 사용한다.

(20) 딜(Dill: Ameth)

미국과 서인도에서 자란다. 피클, 샐러드, 생선, 수프, 소스 등에 사용한다.

(21) 마늘(Garlic: Ail)

중앙 아시아와 지중해 연안 국가들에서 자란다. 고기, 수프, 샐러드, 드레싱, 피클, 굴라시에 사용한다.

(22) 생강(Ginger: Gingembre)

아시아 지역에서 자란다. 피클, 스튜, 과일, 케이크, 아이스크림, 진저에일(Girgerale) 등에 사용한다.

(23) 페넬 시드(Fennel Seed)

당근과에 속하는 식물로 향기가 좋고 아니스 또는 딜의 향기와 비슷하지만 독특한 냄새를 가지고 있다. 줄기는 샐러드에 사용한다. 이탈리아 음식, 스칸디나비아 음식에 많이 이용한다. 보리빵, 수프, 생선 등에 사용한다.

(24) 홀스래디시(Horseradish: Raifort)

중앙 유럽과 아시아에서 자라는 것으로 뿌리를 사용한다. 강판에 갈아서 소스, 생선, 고기 요리에 사용한다.

(25) 주니퍼(Juniper: Genievre)

이탈리아, 체코슬로바키아, 루마니아에서 자란다. 삼나무과에 속하는 나무이다. 사워크라우트, 돼지구이, 진, 리큐어, 코디얼(Cordial)에 향을 돋우어 준다. 피클, 사슴, 양, 오리, 거위의 로스트 요리, 스튜의 종류에도 이용한다.

(26) 러비지(당귀류, Lovage: Liveche)

미나리과에 속하는 유럽의 약초로 북부 잉글랜드의 토종식물이다. 초본식물로서 정원초로 많이 쓰이며, 높이는 180cm이다. 방향성이 있는 노란색의 꽃뭉치를 가지고 있다. 꽃수술과 뿌리는 약재로 쓰이며 토마토 주스, 수프, 스튜, 그레이비(Gravy)에 사용한다.

(27) 메이스(Mace: Macis)

인도네시아에서 자라는 것으로 육두구나무에서 얻는다. 피클, 설탕 절임 소스, 파운드케이크, 빵, 푸딩, 소시지에도 사용된다.

(28) 마조람(Marjoram: Marjolaine)

지중해 연안에서 자란다. 감자 수프, 간요리, 달팽이 요리, 토끼 구이, 햄 등에 사용한다.

(29) 박하/페퍼민트(Mint/Peppermint: Menthe)

전 유럽과 미국에서 재배된다. Spearmint는 유럽이 원산지이고 미국과 영국 전역에서 재배되고 있다. 박하는 특이한 방향과 짧은 잎과 꽃 등으로 구별할 수 있다.

가장 인기있는 종류로는 붉은 꽃술을 가지고 있는 잉글리시 스피어민트이다. 리큐어, 코디얼, 캔디, 음료 등에 이용된다. 페퍼민트는 기름으로도 이용할 수 있다. 양고기, 야채, 과일 수프, 소스, 아이스크림 등에 사용된다.

(30) 겨자(Mustard: Moutarde)

영국과 미국에서 자라는 겨자나무의 씨이다. 겨자 양념은 겨자씨를 포함한 다른 향료와 식초를 넣고 만들어 사용한다. 매운 맛을 지니고 있으며 소스, 샐러드, 마요네즈, 피클, 그레이비, 특히 돼지고기와 소시지에 많이 사용한다.

(31) 육두구(Nutmeg: Noix de Muscade)

인도네시아에서 자란다. 열매의 핵이나 씨를 갈아서 사용한다. 크림 푸딩, 닭고기 요리, 버섯 요리, 시금치, 수프 등에 사용한다.

(32) 양파(Onion: Oignon)

네덜란드, 이집트, 미국, 이탈리아, 버뮤다가 주요 생산지이다.

양파는 완전한 크기로 자란 것을 건조시키거나 가공처리하여 인스턴트 양파 다짐, 양파 가루, 양파 절임, 양파 플레이크 등으로 만들 수 있다. 신선한 것은 샐러드와 가니쉬로 이용한다. 탈수 건조된 양파는 수프, 스튜, 고기 요리, 소스, 드레싱 조리에 사용한다.

양파는 향신료라기보다는 야채로서의 역할을 더 많이 한다.

(33) 오레가노(Oregano: Oregano)

멕시코, 이탈리아, 미국이 원산지이다. 박하과의 한 종류로 방향성이 강하고 상쾌한 맛을 가지고 있다. 건조시킨 잎은 연한 녹색을 띠고 있다. 신선한 Herb는 피자나 파스타와 같은 이탈리아 요리와 멕시코 요리에 이용된다. 파우더는 소스, 수프 등에 많이 이용한다.

(34) 파프리카(Paprika: Paprika)

스페인, 남부 프랑스, 이탈리아, 헝가리 등지에서 자란다. 헝가리 굴라시, 카나페 등 헝가리 음식에 많이 사용된다.

(35) 파슬리(Parsley: Persil)

원산지가 지중해 연안 국가들이며, 정원초로 1년에도 몇 번씩 수확할 수 있다.

파슬리의 특이한 방향 성분은 잎과 꽃술에 있는 휘발성 기름 때문이다. 비타민 A를 많이 함유하고 있으며, 소화를 돕는 소화 효소가 풍부하다. 샐러드, 수프, 야채, 생선, 고기에 쓰이고 모든 요리의 가니쉬하는 데 이용한다.

(36) 후추(Pepper: Poivre)

까만 후추는 동남 아시아, 주로 말라바르 해협, 보르네오, 자바, 수마트라가 원산지인 피페르, 니그룸 덩굴(Piper Nigrum Vine)에서 얻었다. 덜 익은 열매이고, 완전히 익었을 때는 붉은색으로 변하는데, 이것으로 Pink pepper corn을 만든다.

또한 완전히 익은 후추를 말려 외피를 벗겨서 White pepper를 만든다. Green pepper corn은 Black pepper하기 전에 만든다. 통후추는 수프, 고기, 그레이비 등에 사용한다. 분말은 야채, 고기, 생선, 계란 등에 다양하게 이용된다.

(37) 양귀비 씨(Poppy Seed: Pavot)

극동아시아와 네델란드에서 자란다. 빵, 케이크, 쿠키, 샐러드, 페스트리 필링에 사용한다.

(38) 빨간 고추(Red pepper: Chilli)

열대 아메리카가 원산지이며, 아프리카 서인도 제도와 일본에서도 재배된다. 빨간 고추는 매우 강한 향을 내며 타바스코(Tabasco) 소스와 카레 가루의 필수 재료이다. 피클이나 절임에 사용한다.

(39) 로즈마리(Rosemary: Romarin)

지중해 연안에서 자란다. 토마토와 계란을 주로 한 수프, 생선, 로스트 요리, 양고기, 돼지고기, 쇠고기, 오리고기 등에 이용한다. 스튜나 수프에도 이용된다. 스터핑 야채나 치즈 요리에 세이지와 함께 넣으면 그 맛을 더한다.

(40) 사프란(Saffron: Safron)

아시아, 스페인, 프랑스에서 자란다.

음식에 사용했을 때 강한 노란색을 띠며, 맛은 순하고 씁쓸하면서 단맛이 나고 매우 비싸다. 소스, 수프, 생선, 쌀, 감자, 빵, 페스트리 등에 이용된다.

(41) 세이지(Sage: Sauge)

원산지는 유럽이다. 미국, 영국, 유고슬라비아, 그리스에서도 재배된다.

풍미는 향이 강하고 약간의 씁쓸한 맛이 있다. 송아지, 돼지고기, 소시지, 스터핑(Stuffing), 가금류, 토마토, 콩류에 사용한다.

(42) 세이보리(Savory: Sariette)

지중해 국가들이 원산지이고, 프랑스 남부지방에서 많이 재배한다.

콩, 사워크라우트, 소시지, 스터핑, 야채, 수프, 양고기 구이에 넣어서 사용한다. 보일드 피시, 계란 요리에도 사용한다. 이것은 반드시 음식과 같이 넣어 요리해야 한다.

(43) 참깨(Sesame Seed)

인도, 중국, 터키, 한국에서 자라는 식물이다. 독특한 방향이 있으므로 볶아서 육류, 채소류, 빵류, 쿠키, 캔디 등에 사용한다.

(44) 타라곤(Tarragon: Estragon)

유럽이 원산지이다. 프랑스, 스페인에서 나는 국과식물에 속한다.

다년생 초본으로 잎이 길고 얇으며 녹색이고, 꽃은 작고 단추 같은 모양이다.

피클, 소스, 수프, 샐러드에 사용하고 식초나 겨자 제품의 방향제로 이용한다. 특히 육류, 토마토, 계란 요리에 많이 이용한다.

(45) 타임(Thyme: Thym)

지중해성 식물이다. 프랑스, 스페인, 유고슬라비아, 체코슬로바키아, 영국, 미국에서 재배된다. 작고 방향성이 있는 꽃이나 잎을 사용하며, 토끼 구이, Game 로스트, 스튜, 생선 수프, 소스, 크로켓(Croquette), 토마토 음식에 많이 사용한다.

(46) 터메릭(Turmeric: Curcume)

동아시아, 인도, 아프리카, 호주 등지에서 자란다. 생강과에 속한다.

분말가루로 터메릭은 카레 가루와 겨자의 주요한 하나의 재료이다. 피클, 계란, 육류 요리에 사용한다. 인도에서는 노란 염색약으로 제조되어 사용하기도 한다.

(47) 바닐라(Vanilla: Vanille)

바닐라는 중남미가 원산지인 남초형의 식물에서 얻으며, 세계 각국에 퍼져 있다.

순수한 바닐라액(진액)은 질이 우수하다. 디저트, 과일 수프, 쿠키와 케이크, 라이스 푸딩, 아이스크림, 팬 케이크, 와플(waffle) 등에 이용된다.

(48) 기타 : 그 밖에 Almond나 Lemon 등도 향신료로 이용된다.

제3장 조식요리

서양 요리에 있어서 조식 요리는 주스류, 과일류, 곡물류, 계란류, 고기류, 빵류, 음료 등이 있다. American Breakfast, Continental Breakfast, Vienna Breakfast, English Breakfast 등으로 나눌 수 있다. 메뉴에 있는 대로 골라서 일품 요리를 먹을 수도 있다.

Breakfast

3-1 계절의 과일(Seasonal Fruits)

(1) 신선한 과일(Fresh Fruit)

사과(Apple), 배(Pear), 복숭아(Peach), 귤(Tengerine), 포도(Grape), 오렌지(Orange), 자몽(Grape fruit), 바나나(Banana), 자두(Plum), 수박(Water melon), 참외(Melon), 살구(Apricot), 대추(Prune), 무화과(Fig), 파인애플(Pineapple) 등 계절에 따르는 과일을 1개 또는 1/2개를 먹는다.

(2) Fruit Cocktail(Fruit Salad)

(3) Stewed Prune(Stewed Plum), Raisin

(4) Fruit Compote and Section

사과, 배, 복숭아 등으로 만든 Compote와 자몽, 무화과 등으로 만든 Section 등이 있으며, Yoghurt도 낸다.

3-2 주스류(Juices)

주스는 계절에 따라 신선한 주스를 마시기도 하고, 캔에 있는 주스를 마실 수도 있는데, 아침에는 6온스에서 8온스 정도 마신다. 종류에는 Apple Juice, Orange Juice, Prune Juice, Pineapple Juice, Grape fruit Juice, Vegetable Juice 등이 있다.

3-3 곡물 요리(Cereal)

시리얼은 아침과 점심에만 먹는 곡물 요리로서 더운 시리얼과 찬 시리얼의 두 가지 종류가 있다. 더운 시리얼은 조리를 해야 하고 찬 시리얼은 거의 가공되어 있는 것이 많으나 조리해야 하는 것도 있다.

1 더운 곡물 요리(Hot Cereal)

더운 시리얼은 Oatmeal, Cream Wheat, Wheat Meal 등 여러 가지 곡물을 넣어 끓여서 죽처럼 된 것에 더운 우유와 설탕을 곁들인다.

(1) 오트밀(Oatmeal)

표 3-1 오트밀 조리법

재료명	단위	기준량	조 리 법
오트밀	C	2	① 오트밀을 냄비에 담고 물과 소금을 넣은 다음, 불에 얹어 끓인다.
물	C	6	
소금	ts	1	② 너무 풀어지지 않게 끓는 물에 넣어서 익혀 준다.

2 찬 곡물 요리(Dry Cereal)

찬 시리얼은 Corn flakes, Rice Crispies, Sugar pop, Raisin, Bran, Frosted Flakes, Shredded Wheat 등의 수많은 종류가 있다. 장기 저장이 가능하다. 찬 우유와 설탕, 과일 등을 곁들여 낸다. 또한 Mousslil라는 Oatmeal을 우유와 과일, 꿀, 크림, 설탕 등을 섞어서 차게 내는 것도 있다.

3-4 계란 요리(Eggs)

계란 요리는 조식 요리의 주 요리이며, 조리방법에 따라 명칭이 달라지기 때문에 정확한 주문에 응해야 한다.

1 프라이드 에그(Fried Egg)

(1) Over Light

재료 : 계란 2개, Salad Oil 또는 Butter 1ts

Over easy보다 위쪽의 흰자가 아주 얇게 익는 것을 말하는데, 조리하기가 쉽지 않으므로 계란을 프라이팬이나 Grill에 얹고서 밑의 흰자가 어느 정도 익었을 때 얼음이나 찬물을 계란 바로 옆에 뿌리고 뚜껑을 즉시 덮으면 아주 훌륭한 Over light가 된다.

(2) Over Easy

프라이팬이나 Grill에 샐러드 오일이나 버터를 바른 후에 계란 2개를 얹고서 흰자가 어느 정도 익었을 때 뒤집는다. 흰자만 익고 노른자는 익지 않은 상태이다. 중요한 것은 노른자가 깨지지 않아야 한다.

(3) Over Medium

계란 2개를 Over easy와 같은 방법으로 조리하는데 노른자를 반 정도 익히는 것이다.

(4) Over Well Done

계란 2개를 Over easy와 같은 방법으로 조리하는데, 노른자까지 다 익은 상태이다.

(5) Over Hard

계란 2개를 Over easy와 같은 방법으로 조리하는데, 뒤집기 전에 노른자를 깨뜨려서 완전히 익힌 상태이다.

(6) Sunny Side Up

프라이팬이나 Grill에 샐러드 오일이나 버터를 바르고 계란 2개를 깨어 얹은 후에 흰자만 익혀서 태양이 떠오르는 것처럼 선명하게 하는 것을 말한다.

2 삶은 계란(Boiled Egg: Oeufs la Coque)

재료 : 계란 2개 / 물 1ℓ

계란을 끓는 물에 손님이 원하는 시간대로 익혀서 껍질이 붙은 그대로 손님에게 내는 상태를 말한다.

(1) 연숙 계란(Soft Cooked Egg)

끓는 물에서 3~5분, 반숙(Medium)은 6~8분, 완숙(Hard)은 10~12분 동안 삶아 익힌다. 주의할 점은 끓는 물에서 꺼내어 냉수에 담갔다가 손님에게 내야 한다.

3 포치 에그(Poached Egg: Oeufs Poched)

재료 : 계란 2개 / 물 1ℓ　식초 1dℓ

식초를 물에 섞어서 90°C 정도로 끓는 물에 3~4분간 익힌 후, 스키머(skimmer)로 건져 내어 토스트나 Puff Paste에 얹어서 낸다.

너무 오래 삶으면 노른자 주위에 황화제일철이 부착하여 검푸른색으로 변한다.
이와 같은 현상은 계란 흰자의 황은 계란 노른자의 황보다 열에 의하여 용이하게 분해되어 황화수소(H_2S)가 되기 때문이다.
발생된 황화수소는 계란 노른자의 Fe(철)와 화합하여 황화제일철(F_2S)을 생성하기 때문에 변색이 일어난다.

(1) 에그 베네딕(Eggs Benedict)

English Muffin을 절반으로 자르고 햄을 놓고 포치 에그를 얹고서 Hollandaise Sauce를 끼얹은 후 살라만더에 넣었다가 낸다.

(2) 에그 플로렌틴 스타일(Eggs Florentie Style: Oeufs Florentine)

Blanched한 시금치를 양파 다진 것과 같이 버터에 볶아서 밑에 깔고, 그 위에 계란을 올려 담은 뒤 Mornay Sauce를 끼얹는다. 치즈와 버터를 약간 뿌린 다음, 살라만더에 넣어서 그라탱하여 낸다.

4 스크램블 에그(Scrambled Eggs: Oeuf Brouilles)

재료 : 계란 2개 / 버터 15g / 크림 15mℓ / 소금 1.5g

버터를 팬에 넣고 녹이고 계란의 흰자와 노른자를 잘 섞은 다음, 낮은 온도에서 나무젓가락으로 계속 휘저어서 되직하게 만든 후, 크림과 소금을 섞어 낸다. 토스트 빵이나 볼로 빵을 깔고 그 위에 계란을 얹어 낸다.

(1) 스크램블 에그와 아스파라거스 팁(Scrambled Eggs with Asparagus Tip Oeufs Brouills Aux Pointes D'asperges)

스크램블 에그에 아스파라거스 팁으로 가니쉬(garnish)한다.

(2) 스크램블 에그와 닭 간(Scrambled Eggs with chicken Livers: Oeufs brouilles aux foies de Volaille)

닭 간을 다이스(dice)해서 스크램블 에그에 가니쉬하고, 마디에라 소스를 끼얹어 낸다.

5 오믈렛(Omelet: Omeletle)

재료 : 계란 3개 / 버터 15g

계란 3개를 흰자와 노른자가 잘 섞이도록 휘저어 푼 다음, 오믈렛 팬에 버터를 녹인 후 계란을 붓고 팬을 앞뒤로 당기면서, 나무젓가락으로 저으며 타원형으로 접는다.

(1) 햄 오믈렛(Ham Omelet: Omelette au jambon)

Plain Omelet에 햄을 Small dice로 썰어 넣어 만든다.

(2) 버섯 오믈렛(Mushroom Omelet: Omelette aux Champignons)

Plain Omelet에 Small dice로 썰은 버섯을 볶아 넣어 만든다.

(3) 베이컨 오믈렛(Bacon Omelet)

Plain Omelet에 베이컨을 잘게 썰어서 볶아 넣어 만든다.

양식조리사

01 스페니시 오믈렛
(Spanish Omelet)

재료 준비

* 1인분 기준

Egg(계란) 3개 / Tomato(토마토) 150g / Onion(양파) 150g
Pimento(피망) 75g / Mushroom(양송이) 10g
Bacon(베이컨) $\frac{1}{2}$조각 / Tomato ketchup(토마토 케첩) 20g
Salt(소금) 5g / Black Pepper(검은 후춧가루) 2g
Salad oil(식용유) 20㎖ / Unsalted Butter(무염버터) 20g

요구사항

※ 주어진 재료를 사용하여 다음과 같이 스페니시 오믈렛을 만드시오.

① 토마토, 양파, 피망, 양송이, 베이컨을 0.5cm 정도의 크기로 써시오.

② 타원형으로 만드시오.

수검자 유의사항

① 내용물이 고루 들어가고 터지지 않도록 유의한다.

② 오믈렛을 만들 때 타거나 단단해지지 않도록 한다.

③ 조리 작품을 만드는 순서가 틀리지 않아야 한다.

④ 숙련된 기능으로 맛을 내야 하므로 조리작업 시 음식의 맛을 보지 않는다.

⑤ 채점대상에서 제외되는 경우

- 불을 사용하여 만든 조리작품이 작품 특성에 벗어나는 정도로 타거나 익지 않은 것
- 오작 : 요리의 형태를 다르게 만들거나 해당 과제의 지급재료 이외의 재료를 사용한 경우
- 미완성 : 문제의 요구사항대로 작품의 수량이 만들어지지 않은 경우
요구작품 두 가지 중에 한 가지 작품만 만들었을 경우
주어진 시간 내에 완성하지 못한 경우

만드는 법

1. 양파, 피망, 양송이, 베이컨을 사방 약 0.5cm 정도로 자른다.
2. 토마토는 씨와 껍질을 제거하고 같은 크기로 자른다.
3. 베이컨을 볶다가 양파, 피망, 양송이, 토마토 순으로 볶은 다음에 후추, 소금으로 간을 맞춘다.
4. 팬에 버터를 두르고 계란 푼 것을 부어서 반 정도 익힌 다음에 볶아 놓은 재료를 넣고 감싸서 오믈렛을 만든다.

양식조리사

02 치즈 오믈렛 (Cheese Omelet)

재료 준비

* 1인분 기준

Egg(계란) 3개 / Cheese(치즈) 1장

Unsalted Butter(무염버터) 30g

Salad oil(식용유) 20㎖ / Whipped cream(생크림) 20g

Salt(소금) 2g

요구사항

※ 주어진 재료를 사용하여 다음과 같이 치즈 오믈렛을 만드시오.

① 치즈는 사방 0.5cm 정도로 자르시오.

② 모양은 타원형으로 치즈가 들어가 있는 것을 알 수 있도록 만드시오.

수검자 유의사항

① 익힌 오믈렛이 갈라지거나 굳지 않도록 유의한다.

② 오믈렛에서 익지 않은 계란이 흐르지 않도록 유의한다.

③ 조리 작품을 만드는 순서가 틀리지 않아야 한다.

④ 숙련된 기능으로 맛을 내야 하므로 조리작업 시 음식의 맛을 보지 않는다.

⑤ 채점대상에서 제외되는 경우

- 불을 사용하여 만든 조리작품이 작품 특성에 벗어나는 정도로 타거나 익지 않은 것
- 오작 : 요리의 형태를 다르게 만들거나 해당 과제의 지급재료 이외의 재료를 사용한 경우
- 미완성 : 문제의 요구사항대로 작품의 수량이 만들어지지 않은 경우
  요구작품 두 가지 중에 한 가지 작품만 만들었을 경우
  주어진 시간 내에 완성하지 못한 경우

만드는 법

1. 계란을 깨어 잘 휘젓고 나서 걸러낸 다음, 크림과 치즈를 사방 약 0.5cm 정도 잘라 넣는다.
2. 프라이팬을 발연점 가까이 달구어 계란을 넣고, 젓가락으로 저으면서 부드럽게 프라이팬을 손으로 쳐서 오믈렛을 만든다.

6 계란과 곁들여 내는 요리

(1) 주문에 의하여 곁들여 내며 돈을 따로 받는 요리

① **햄**(Sliced Ham) : Boneless Ham을 한 조각당 10g씩 해서 3쪽을 살짝 소테하여 계란 요리 옆에 곁들여 낸다.

② **베이컨**(Bacon) : 베이컨을 Grill이나 Oven에 구워 2쪽 15g을 곁들여 내는데, 바싹 구운 베이컨(Crispy Bacon)이나 Medium Bacon을 원하는 손님이 있기 때문에 두 가지 방법으로 구워 놓아야 한다.

③ **소시지**(Breakfast Sausage) : Breakfast Sausage 1개당 20g짜리 3개를 소테하여 곁들여 낸다.

(2) 돈을 받지 않고 곁들여 내는 요리

① 감자는 Hash Brown Potato나 Home fried Potato를 계란 요리 옆에 곁들여 낸다.

② 해시 브라운 감자(Hash Brown Potato) : 큰 감자를 껍질을 벗기고 $\frac{2}{3}$ 정도 삶은 후에 강판에 얼기설기 갈아서 소금과 후추를 뿌리고 사각이나 둥근형으로 30g 정도씩 찍어 만든다. 곁들여 낼 때에는 버터에 소테하여 낸다.

③ 홈 프라이 감자(Home fried Potato) : 감자 껍질을 벗겨서 다이스하거나, 작은 감자는 껍질을 벗겨서 $\frac{2}{3}$ 정도 삶은 후 버터에 소테하여 소금, 후추, 다진 파슬리를 뿌리고는 40g 정도를 낸다.

가니쉬로 당근이나 비트(beet) 뿌리 등을 꽃이나 나비 모양으로 오려서 계란 요리 옆에 놓고 파슬리 한 줄기를 곁들여서 내면 훌륭한 조식 요리가 된다.

3-5 아침 빵류 (Morning Bread)

아침 요리에서 빵류로는 Toast Bread가 제일 많이 제공되고, 그 밖에 Croissants, Brioche, Sweet Rolls, Hard Rolls, Fruit Muffins, Doughnuts, Rye Bread, Danish pastries 등이 나가며 곁들여 honey, marmalade, strawberry, plum, black cherry, apricot, raspberry 등의 Portion Jam과 Portion Butter를 낸다.

1 팬에서 구운 요리

(1) 팬 케이크(Pan Cake)

재료 준비

* 1인분 기준

Flour(밀가루) 500g / Sugar(설탕) 200g

Whole Eggs(계란) 8개

Milk(우유) $\frac{3}{4}$ℓ / Egg Yolk(계란 노른자) 4개

Butter(버터) 25g

Yeast(이스트) 15g / Salt(소금) 1TS

모든 재료를 다 넣고 반죽해서 Pan이나 Griddle에 3쪽 구워 낸 후, 꿀이나 Maple Syrup 또는 버터를 곁들여 낸다.

(2) 와플(Waffle)

재료 준비

Flour(밀가루) 500g / Butter(버터) 250g / Sugar(설탕) 50g / Eggs(계란) 4개 / Yeast(이스트) 15g
milk(우유) 4dℓ /Vanilla essence(바닐라향) ½TS / Salt(소금) 1 TS.

모두 다 넣고 반죽하여 와플 기계에 넣어 구워낸 후, 꿀이나 메이플 시럽 또는 버터를 곁들여 낸다.

(3) 프렌치 토스트(French Toast)

재료 준비

Toast Bread(식빵) 2쪽 / Eggs(계란) 2개 / Milk(우유) 2mℓ / Sugar(설탕) 5g
Vanilla Essence(바닐라향) 1TS

식빵을 삼각형이 되도록 대각선으로 자른다. 자른 빵 4쪽을 계란과 우유 및 설탕을 섞은 것에 적셔 팬이나 Griddle에 구워 낸 후, 설탕과 계핏가루를 섞어 묻혀서 꿀이나 Maple Syrup 또는 버터를 곁들여 낸다.

(4) 기타

Cinnamon Toast에는 Toast Bread에 Cinnamon powder를 묻혀서 구워 낸다. 이렇게 팬에서 구워낸 요리에는 신선한 과일 한 쪽을 곁들여 내면 더욱 좋다.

3-6 아침의 육류 요리

(1) 블랙퍼스트 버거(Breakfast Burger)

재료 준비

Beef Patty 120g / Egg 1개 / Hash Brown Potato 30g / Salad Oil or Butter 10㎖ / Salt & Pepper

120g짜리 햄버거를 팬에 기름을 두르고 구워 낸 후, Fried Egg 1개를 그 위에 얹고 가니쉬로 Hash Brown Potato를 곁들여 내면 된다.

(2) 블랙퍼스트 스테이크(Breakfast Steak)

재료 준비

Sirloin Steak 120g / Demi Glace 10㎖ / Egg 1개 / Hash Brown Potato 30g / Salad Oil or Butter 10㎖ / Salt & Pepper

등심 120g짜리를 팬에 구워 낸 후, 데미글라스를 접시에 깔고 고기를 올려 놓은 다음, Breakfast Burger와 같이 한다.

(3) 햄 스테이크(Ham Steak)

재료 준비

Ham 100g / Sliced Pineapple 1쪽 / Egg 1개 / Hash Brown Potato 30g / Salad Oil or Butter 10㎖
Salt & Pepper

햄을 팬에 기름을 두르고 구워 낸 후, 파인애플 1쪽을 살짝 소테하여 놓고 Breakfast Burger과 같은 방법으로 한다.

(4) 콘 비프 해시(Corned Beef Hash)

재료 준비

Corn Beef 120g / Hash Brown Potato 30g / Onion 20g / Egg 1개 / Salad Oil or Butter 20㎖ / Salt & Pepper

먼저 소고기 양지를 절여서 삶고, 그라인더 기계로 갈아 놓는다. 다진 양파를 볶은 후에 간 고기를 섞어 다시 볶아서 접시에 올리고, 위에 프라이한 계란을 얹고서, Hash Brown Potato를 곁들여 낸다.

(5) 콜 컷 플래터(Cold Cut platter)

재료 준비

Sausage 30g / Cheese 30g / Cold Cut 30g / Soft Boiled Egg 1개 / Onion 10g

접시에 소시지, 치즈, 콜 컷을 썰어서 놓고 살짝 삶은 계란을 곁들인다.

(6) 기타

과일에 드라이 비트나 치즈 및 요구르트 드레싱을 곁들여서 낸다.

3-7 음료(Beverage)

여기에서 음료란 커피, 차, 코코아, 우유 등을 말한다. 커피에는 신선한 커피와 카페인이 없는 상카 커피가 있다. 그리고 차에는 English Breakfast Tea, Earl Gray Tea, Darjeeling Tea, Ginseng Tea 등이 있다. 코코아는 뜨거운 것과 찬 것으로 나눈다.

제4장 전채요리

전채는 서양 요리에서 빼놓을 수 없는 것으로서 프랑스에서는 Hors d'euvre 라고 하며, 영국 · 미국에서는 'appetizer' 라고 한다. 전채의 본래 의미는 일정한 순서의 차림표(메뉴)대로 요리가 나오기 전에 고객에게 식욕 촉진제로 제공되는 소품 요리이다.

Appetizer

전채요리

Hors d'oeuvre의 Hors는 '앞'을 의미하고, Oeuvre는 '식사'를 의미한다. 즉, 식사 전에 제공되는 요리를 뜻하는 것이다.

식사 전에 제공되기 때문에 그 목적은 당연히 식욕 자극제의 역할에 있다. 그래서 Appetissant(식욕을 일으킴)이라든지, Appetizer(식욕 촉진물)라는 뜻을 가지게 되었다. 그리고 북유럽에서는 스모가스보드(Smogasbord), 중국에서는 리앵반(冷盆), 러시아에서는 자쿠스키(Zakuski)라 부르고 있다.

전채의 기원은 러시아에서 연회를 하기 전에 별실에서 기다리는 참석자들에게 주류와 함께 간단한 요리를 제공한 데서 시작되었다고 한다. 그러나 16세기 초 당시 프랑스보다 선진국이었던 이탈리아에서 전채가 다른 여러 요리와 함께 프랑스로 건너갔다고 하는 설도 있으며, 또 다른 설로는 13세기 때 Marco Polo가 중국을 두 번 왕래하면서 중국 냉채 요리를 본따서 Hors d'oeuvre를 창안했다고도 한다.

이 전채는 식사를 더욱 맛있게 먹을 수 있도록 식욕을 돋우어 주는 데에 그 목적이 있으므로, 다음과 같은 조건을 갖추는 것이 좋다.

① 모양이 좋고 맛이 있으며, 주 요리와 균형이 잡히도록 고려한다.
② 짠맛과 신맛이 가미되어 그 자극으로 타액의 분비를 촉진시켜서 식욕을 돋우어 주어야 한다.
③ 계절감이 흐르거나 지방색이 풍부한 것이면 더욱 좋다.

이상의 세 가지 조건을 갖춘 요리라면 어떠한 식품이든 전채로서의 구실을 다할 수가 있다. 조리사의 솜씨와 기술에 따라 그 재료나 조리 방법도 다양하게 창조할 수가 있기 때문에 조리사의 솜씨와 능력을 자랑할 수 있는 요리로 알려져 있다.

전채의 종류는 크게 나누어서 더운 것과 찬 것이 있는데, 더운 것은 Hors d'oeuvre Chaud(Hot)라 부르며, 찬 것은 Hors d'oeuvre Froid(Cold)라 부른다. 다시 세분하여 나눈다면 Canape, Hors d'oeuvre, Alcohol & Cocktail, Relish, Snack 등으로 분류한다.

4-1 카나페(Canape)

빵이나 크래커를 기본으로 하여 생선, 소시지, 햄, 피클, 계란, 새우, 치즈 등을 재료로 얹어서 한 입에 넣을 수 있도록 작게 Open Sandwich처럼 만든 것을 말한다.

양식조리사

01 쉬림프 카나페 (Shrimp Canape)

재료 준비

* 1인분 기준

Shrimp(새우) 4마리 / Toast Bread(식빵) 1조각
Egg(계란) 1개 / Parsley(파슬리) 1줄기
Unsalted Butter(무염버터) 30g
Tomato Ketchup(토마토 케첩) 10g / Salt(소금) 5g
White Pepper(흰 후춧가루) 2g
Tooth Pick(이쑤시개) 1개 / Lemon(레몬) 1/8개
Carrot(당근) 15g / Celery(셀러리) 15g / Onion(양파) 150g

요구사항

※ 주어진 재료를 사용하여 다음과 같이 쉬림프 카나페를 만드시오.

① 새우는 내장을 제거한 후에 미르포아를 넣고 삶아서 껍질을 제거하시오.
② 식빵은 직경 4cm의 원형으로 하고 4개를 제시하시오.

수검자 유의사항

① 새우는 부서지지 않도록 하고 계란 삶기에 유의한다.
② 식빵의 수분 흡수에 유의한다.
③ 조리 작품 순서를 틀리지 않게 하여야 한다.
④ 숙련된 기능으로 맛을 내야 하므로 조리작업 시에 음식의 맛을 보지 않는다.
⑤ 채점대상에서 제외되는 경우

- 불을 사용하여 만든 조리작품이 작품 특성에 벗어나는 정도로 타거나 익지 않은 것
- 오작 : 요리의 형태를 다르게 만들거나 해당 과제의 지급재료 이외의 재료를 사용한 경우
- 미완성 : 문제의 요구사항대로 작품의 수량이 만들어지지 않은 경우
  요구작품 두 가지 중에 한 가지 작품만 만들었을 경우
  주어진 시간 내에 완성하지 못한 경우

만드는 법

1. 새우 내장을 제거하고 삶아서 식혀 놓는다.
2. 식빵을 직경 4cm 원형으로 잘라서 토스트한다.
3. 계란을 삶아 0.3cm 정도로 자른다.
4. 빵에 마요네즈나 버터를 바른 후에 계란을 올려 놓고, 그 위에 새우를 올려 놓는다.
5. 새우 위에 토마토 케첩을 올려 놓고 파슬리로 장식한다.

양식조리사

02 치즈 카나페
(Cheese Canape)

재료 준비

* 1인분 기준

Toast Bread(식빵) 1개 / Cheese(치즈) 1조각
Celery or Raisin(셀러리 또는 건포도) 5g
Walnut(호두) 5g / Butter(버터) / Parsley(파슬리)
cayenne Pepper(카옌 페퍼)

만드는 법

1. 빵에 버터를 바르고 아메리카 치즈나 스위스 치즈를 얹고서 적당한 크기로 썬다.
2. 그 위에 Celery를 잘게 썰어 놓거나 호두를 잘라서 얹어 놓는다.

Tip Cream Cheese일 때는 녹여서 파이핑 백에 넣어 여러 모양으로 짠 다음, 그 위에 건포도를 올려 놓는다. 또한 크림 치즈 속에 파슬리 다진 것이나 카옌 페퍼를 혼합해서 짜면 색깔이 더욱 좋다.

03 햄 카나페 (Ham Canape)

재료 준비

* 1인분 기준

Toast Bread(식빵) 1개 / Ham(햄) 10g / Butter(버터) 5g / Pineapple(파인애플) / Cherry(체리) Parsley(파슬리)

만드는 법

1. 빵에 버터를 바르고 같은 크기로 햄을 잘라서 그 위에 얹는다.
2. 파인애플과 체리 및 파슬리로 장식하여 낸다.

04 훈제 연어 카나페 (Smoked Salmon Canape)

재료 준비

* 1인분 기준

Toast Bread(식빵) 1개 / Smoked Salmon(훈제연어) 10g / Horseradish(홀스래디시) 3g Sliced Boiled Egg(계란) 1 / Caper(케이퍼) 1개 / Butter(버터) 5g / Parsley(파슬리)

만드는 법

1. 식빵에 버터를 바르고 삶은 계란(또는 오이)을 잘라서 놓고
2. 훈제한 연어를 잘 말아서 그 위에 얹은 후에 홀스래디시 소스를 조금 얹고
3. 그 위에 케이퍼를 놓고 파슬리 한 잎을 가니쉬한다.

05 기타

Dry Beef와 Melon, Liver Mousse와 Peanut, Herring과 Sour Cream 등 수십 가지를 만들 수 있다.

4-2 오르되브르(Hors d' Oeuvre)

계란, 육류, 해류, 야채류, 가금류 등의 재료로 해서 한 입에 넣을 수 있도록 작게 만드는 것인데, 카나페와 같이 빵이나 크래커를 필요로 하지는 않는다. 오르되브르는 찬 것과 더운 것으로 나눈다.

양식조리사

01 스터프드 에그 (Stuffed Egg)

재료 준비

* 1인분 기준

Egg(계란) 2개 / Mayonnaise(마요네즈) 10g / Salt(소금) 2g
Mustard(겨자) 2g / Lettuce(상치) 1잎
Parsley(파슬리) 1줄기 / White Papper(흰 후춧가루) 2g
Ham(햄) 5g / Celery(셀러리) 30g

요구사항

※ 주어진 재료를 사용하여 다음과 같이 스터프드 에그를 만드시오.

① 계란의 노른자가 중앙에 오도록 삶으시오.
② 햄과 셀러리는 다져서 쓰시오.
③ 완성품은 길이를 2등분하여 4개 제시하시오(즉, 직경이 짧은 쪽으로 2등분한 다. 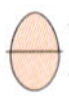).

수검자 유의사항

① 계란을 변색되지 않도록 완숙시킨다.
② 조리 작품 만드는 순서가 틀리지 않아야 한다.
③ 숙련된 기능으로 맛을 내야 하므로 조리작업 시에 음식의 맛을 보지 않는다.
④ 채점대상에서 제외되는 경우

- 불을 사용하여 만든 조리작품이 작품 특성에 벗어나는 정도로 타거나 익지 않은 것
- 오작 : 요리의 형태를 다르게 만들거나 해당 과제의 지급재료 이외의 재료를 사용한 경우
- 미완성 : 문제의 요구사항대로 작품의 수량이 만들어지지 않은 경우
  요구작품 두 가지 중에 한 가지 작품만 만들었을 경우
  주어진 시간 내에 완성하지 못한 경우

만드는 법

1. 계란은 소금을 넣은 물에서 노른자가 중앙에 오도록 굴려 가며 삶는다.
2. 냉수에서 식힌 다음에 껍질을 제거한 후, 제시한 길이로 반을 갈라서 노른자를 분리해 놓는다.
3. 흰자를 씻어 물기를 제거한 다음, 양 끝을 조금 잘라서 고정시킬 수 있도록 한다.
4. 흰자 속에 상치를 0.5cm 정도 나오도록 가니쉬로 깐다.
5. 노른자를 체에 내리고 마요네즈에 겨자 및 소금과 함께 섞는다.
6. 흰자 주머니에 노른자 섞은 것을 모양 있게 짜 넣는다.
7. 파슬리로 장식한다.

양식조리사

02 | 스터프드 토마토와 게살
(Stuffed Tomato with Crabmeat)

재료 준비

* 1인분 기준

Tomato(토마토) 1~2개 / Crabmeat(게살) 50g
Mayonnaise(마요네즈) 30g / Sugar(설탕) 3g
Salt & Pepper(소금과 후추) 약간 / Lettuce(상추) 1잎
Stuffed Olive or Quail Egg(올리브 또는 메추리알) 1개
Parsley(파슬리) 1잎

만드는 법

1. 토마토를 웨이지로 6등분을 낸다.
2. 속을 꺼내고 상추를 조금 깐 다음에 게살을 잘 풀어서 마요네즈, 소금, 후추, 설탕 등을 넣고 혼합하여 그 속에 얹는다. 올리브나 삶은 메추리알을 잘라서 올리고 파슬리로 장식한다.

양식조리사

03 훈제 햄과 멜론

(Smoked Raw Ham with Melon)

재료 준비

* 1인분 기준

Smoked Air Dry Beef or Ham(훈제한 소고기나 햄) 40g

Melon(멜론) 1/3개

Pickle(피클) 10g / Parsley(파슬리) 1잎

만드는 법

1. 접시 위에 멜론을 3조각으로 잘라 놓는다.
2. Dry Beef or Ham을 잘라서 놓는다.
3. 접시 위쪽에 피클과 파슬리를 놓는다.

04 스터프드 셀러리 (Stuffed Celery)

재료 준비

* 1인분 기준

Celery(셀러리) 200g / Cream cheese(크림 치즈) 200g / Pimeanto(피망) 50g / Salt(소금) 1g
Paprika(파프리카)

만드는 법

1. 셀러리를 연한 것으로 줄기만 골라서 깨끗이 씻고 5cm로 자른 다음 둥근 밑 면을 편편하게 자른 후 얼음물에 1시간 정도 담가 두었다가 건진다.
2. 크림 치즈에 소금을 넣어서 간을 맞춘 후, 부드럽게 만들어서 튜브에 넣고 셀러리에 모양 있게 짜 놓는다.
3. 피망을 다이아몬드형이나 여러 모양으로 잘라서 장식한다.
4. 파프리카를 뿌려서 마지막으로 장식한다.

05 스터프드 오이 (Stuffed Cucumber)

재료 준비

* 1인분 기준

Cucumber(오이) 2개 / Crabmeat(게살) 200g / Salt(소금) $^{1}/_{3}$ts / Pepper(후추) 약간
Lemon Juice(레몬즙) 1Ts / Mayonnaise(마요네즈) 1Ts

만드는 법

1. 연한 오이를 소금으로 비벼 깨끗이 씻어서 양 끝을 잘라낸 후, 반으로 자르거나 길이로 2등분한다.
2. 소독저로 오이 속을 파낸다.
3. 게살을 다진 후 마요네즈 소스와 소금, 후추, 레몬즙을 넣고 버무려 오이 속에 채워 넣는다.
4. 반으로 자른 것은 2cm 두께로 단면이 보이게 썰고, 길이로 자른 것은 다른 애피타이저(Appetizer)와 함께 곁들여 담는다.

06 스터프드 양송이 (Stuffed Mushroom)

재료 준비

* 1인분 기준

mushroom(양송이 버섯) 90g / Onion(양파) 30g / Salad oil(식용유) 1Ts / Salami(살라미) 100g
Cheese(치즈) 100g / Tomato Ketchup(토마토케첩) 30g / Bread Crumb(빵가루)
Pepper(후추) 약간 / Parsley(파슬리) 1줄기

만드는 법

1. 버섯은 껍질을 벗기고 기둥을 떼서 끓는 물에 살짝 데친 다음, 물기를 빼 놓는다.
2. 양파와 살라미는 곱게 다져서 식용유를 두르고 볶은 후, 케첩을 넣고 볶으면서 간을 한다.
3. 치즈와 파슬리를 다져 놓는다.
4. 데친 버섯 속에 2의 볶은 것을 넣고 치즈를 얹은 후에 빵가루가 살짝 덮이도록 뿌려서 210℃의 오븐에 5~10분쯤 구워낸 다음, 다진 파슬리를 뿌린다.

07 생굴 록펠러 (Oysters Rockefeller)

재료 준비

* 1인분 기준

Oyster(생굴) 36g / Spinach(시금치) 150g / Onion(양파) / Bread crumb(빵가루) 80g
Bacon(베이컨) 60g / Butter(버터) 120g / Parsley(파슬리) 15g / Salt & Pepper(소금 · 후추) 약간

만드는 법

1. 팬에 소금을 깔고 그 위에 굴 반쪽 껍질에 굴을 넣는다.
2. 그 위에 나머지 재료를 볶아서 굴 위에 덮는다.
3. 250℃에서 10분 정도 구워서 담고 파슬리로 장식한다.

08 | 달팽이와 양송이에 마늘 버터
(Snail and Mushroom in Garlic Flavoured Herb Butter)

재료 준비

* 1인분 기준

Snail(달팽이) 6마리 / Mushroom Small Dice(양송이) 10g / Chopped Onion(양파) 10g / Chopped Garlic(마늘) 3g / Garlic Herb butter(마늘 버터) 20g / Parsley(파슬리) 1잎
Oil and Butter(식용유) 5g / Brandy or Red Wine(브랜디) 5ml / Salt, Pepper(소금 · 후추) 2g

만드는 법

1. Pan에 버섯, 양파, 마늘을 넣고 소테한다.
2. 그 속에 달팽이를 넣고 다시 소테한 다음, 브랜디를 넣고 조린다.
3. 접시 위에 놓고 그 위에 Herb Butter를 얹은 후에 Salamander에서 조리한 다음, 파슬리 가루를 뿌려 Serve한다.

4-3 렐리시(Relish)

(1) 생야채를 손가락처럼 잘라서 놓고 소스는 여러 가지 딥(Dip)을 내놓거나 마요네즈 등을 곁들여 낸다. 야채로는 당근, 오이, 셀러리, 무, 빨간 무 등을 사용한다.

(2) 절인 야채로 오이, 올리브, 양파, 콜리플라워(CauliFlower), 양배추, 브로콜리(Broccoli) 등을 내기도 한다.

4-4 스낵(Snacks)

Potato Chips, Corn Chips, Cracker, Peanut, Raisin 등을 사용해서 낸다.

양식조리사

01 샐러드 부케를 곁들인 참치 타르타르와 채소 비니그레트
(Tuna Tartar with Salad Bouquet and Vegetable Vinaigrette)

시험시간 : 30분

재료 준비

* 1인분 기준

Red Tuna Meat(붉은참치살) 80g / Onion(양파) 20g
Green Olive(그린올리브) 2개 / Caper(케이퍼) 5개
Olive Oil(올리브오일) 5㎖ / Lemon(레몬) 1/4개
Hot Sauce(핫 소스) 5㎖ / Chervil(처빌) 2줄기 / Salt(소금) 5g
White pepper(흰 후춧가루) 3g / Chives(차이브) 5줄기
Lolla Rossa(롤라로사) 2잎 / Vinegar(식초) 10㎖
Green Chicory(그린 치커리) 2줄기
Green Vitamin(그린 비타민) 4잎 / Water Cress(물냉이) 5g
Red Paprika(붉은색 파프리카) 1/4개
Flammulina Velutipes(팽이버섯) 4g / Onion(양파) 20g / Yellow paprika(노란색 파프리카) 20g
Cucumber(오이) 10g / Parsley(파슬리) 1줄기 / Dill(딜) 3줄기 / Olive Oil(올리브오일) 20㎖ / Salt(소금) 2g

* 지참 준비물 추가(테이블스푼) 2개 퀸넬용, 머릿부분 가로 6cm, 세로(폭) 3.5~4cm 정도

요구사항

※ 주어진 재료를 사용하여 다음과 같이 샐러드 부케를 곁들인 참치타르타르와 채소 비니그레트를 만드시오.

① 참치는 꽃소금을 사용하여 해동하고, 3~4mm 정도의 작은 주사위 모양으로 써시오.

② 채소를 이용하여 샐러드 부케를 만드시오.

③ 참치 타르타르는 테이블 스푼 2개를 사용하여 퀜넬 형태로 3개를 만드시오.

④ 비니그레트는 채소를 가로 세로 2mm 정도의 작은 주사위 모양으로 썰어서 사용하고 파슬리와 딜은 다져서 사용하시오.

수검자 유의사항

① 썰은 참치의 핏물 제거와 색의 변화에 유의한다.

② 샐러드 부케 만드는 것에 유의한다.

③ 조리작품 만드는 순서는 틀리지 않아야 한다.

④ 숙련된 기능으로 맛을 내야 하므로 조리작업 시에 음식의 맛을 보지 않는다.

⑤ 채점대상에서 제외되는 경우

- 불을 사용하여 만든 조리작품이 작품특성에 벗어나는 정도로 타거나 익지 않은 것
- 오작 : 요리의 형태를 다르게 만들거나 해당 과제의 지급재료 이외의 재료를 사용한 경우
- 미완성 : 문제의 요구사항대로 작품의 수량이 만들어지지 않은 경우
  요구작품 두 가지 중에 한 가지 작품만 만들었을 경우
  주어진 시간 내에 완성하지 못한 경우

만드는 법

1. 양파(0.2×0.2cm), 그린올리브(0.2×0.2cm)와 다진 케이퍼, 올리브오일, 레몬즙, 핫소스, 잘게 썰은 처빌, 소금, 흰 후춧가루를 넣어 드레싱을 만든다.
2. 해동해서 자른 참치살(0.3×0.3cm)에 (1)을 넣어 참치살이 부서지지 않게 잘 섞어 준다.
3. 올리브오일에 식초, 정제소금과 잘게 자른 딜, 식초를 넣어 드레싱을 만든다.
4. 차이브, 롤라로사, 그린치코리, 그린비타민, 물냉이, 길이로 자른 파프리카(0.2×4cm)를 이용하여 부케를 만들고 속을 판 오이에 꽂아 준다.
5. 접시 중앙에 부케를 놓고 테이블스푼 2개를 이용하여 참치살을 퀀넬 모양으로 3개를 만들어서 접시에 담는다.
6. 드레싱 3을 뿌려 준다.

양식조리사

02 채소로 속을 채운 훈제연어 롤
(Smoked Salmon Roll with Vegetables)

시험시간 : 40분

재료 준비

Smoked Salmon(훈제연어) 120g / Carrot(당근) 40g
Celery(셀러리) 15g / Radish(무) 15g
Red Pimento(홍피망) 1/8개
Green Pimento(청피망) 1/8개 / Onion(양파) 20g
Horseradish(겨자무) 10g / Head Lettuce(양상추) 15g
Lemon(레몬) 1/4개 / Whipped Cream(생크림) 50㎖
Parsley(파슬리) 1줄기 / Salt(소금) 5g
White Pepper(흰 후춧가루) 5g / Caper(케이퍼) 6개
* 지참 준비물 추가(연어 나이프)

요구사항

※ 주어진 재료를 사용하여 다음과 같이 훈제연어 롤을 만드시오.

① 주어진 훈제연어를 슬라이스하여 사용하시오.
② 당근, 셀러리, 무, 홍피망, 청피망을 0.3cm 정도의 두께로 채써시오.
③ 채소로 속을 채워서 롤을 만드시오.
④ 일정한 크기로 6개를 만들어서 제출하시오.

수검자 유의사항

① 훈제연어기름 제거에 유의한다.
② 슬라이스한 훈제연어살이 갈라지지 않도록 한다.
③ 롤은 일정한 두께로 만든다.
④ 조리작품 만드는 순서는 틀리지 않게 하여야 한다.
⑤ 숙련된 기능으로 맛을 내야 하므로 조리작업 시에 음식의 맛을 보지 않는다.
⑥ 채점대상에서 제외되는 경우

- 불을 사용하여 만든 조리작품이 작품특성에 벗어나는 정도로 타거나 익지 않은 것
- 오작 : 요리의 형태를 다르게 만들거나 해당 과제의 지급재료 이외의 재료를 사용한 경우
- 미완성 : 문제의 요구사항대로 작품의 수량이 만들어지지 않은 경우
  요구작품 두 가지 중에 한 가지 작품만 만들었을 경우
  주어진 시간 내에 완성하지 못한 경우

만드는 법

1. 주어진 훈제연어를 일정한 크기로 펴서 썬다.
2. 쳐서 올린 생크림에 다진 파슬리와 흰 후춧가루, 다진 파슬리, 소금을 넣어서 섞어 준다.
3. 썰어놓은 훈제연어에 2를 펴서 발라 준다.
4. 채 썬 당근, 셀러리, 무, 홍피망, 청피망을 3에 넣고 일정한 두께로 말아서 6개로 썬다.
5. 겨자무와 케이퍼로 장식하여 담는다.

수프의 분류

- Clear Soup(potoges Clairs)
  - Meat Bouillon
  - Consomme
- Thick Soup(Potages Lies)
  - Cream Soup
  - Puree Soup
  - Vegerable Soup
- Special Soup(Potages Speciaux)
  - Beef Tea Soup
  - Bisque Soup
- National Soup(Potages Nationaux)
  - Goulash Soup(Hungarian)
  - Minestrone(Italian)
  - Gazpacho(Spanish)
  - Bouillabaisse(French)
  - Chicken Broth(English)

제5장 수프 요리

수프는 고리 뼈나 조각을 야채와 향신료를 섞어서 끓여 낸 국물인 스톡(Stock=Fond)을 기초로 하여 만들거나, 야채나 과일을 기초로 하여 만드는 것으로서 맑은 수프(Potage Clair: Clear Soup)와 진한 수프(Potage Lies: Thick Soup)의 두 가지로 나누어진다.

전체적으로 수프를 통칭하는 말인 포타지(Potage)를 가리켜 진한 수프, 맑은 수프를 가리켜 일반적으로 콩소메(Consomme)라고 부르고 있다.

Soup

5-1 스톡(Stock: fond)

스톡이란 쇠고기, 양고기, 닭고기, 생선 등을 향신료와 같이 끓여 낸 국물을 말한다. 이는 수프나 소스의 기본이 되기 때문에 매우 중요한 기본 요리의 하나이다.

01 쇠고기 스톡

(Beef Stock: White Stock: Fond Blanc) – **Veal Stock** –

재료 준비

* 50인분 기준

Beef Bone or Marrow(쇠뼈) 5~6kg / Onion(양파) 450g / Carrot(당근) 200g / Celery(셀러리) 225g
Thyme(타임) 3g / Parsley(파슬리) 5g / Bay leaf(월계수 잎) 3잎 / Clove(정향) 3g
Pepper corns(통후추) 3g / Water(물) 12ℓ

만드는 법

1. 뼈를 찬물에 담가 씻은 후 찬물에서 살짝 끓여 데치고, 다시 찬물을 부어서 나머지 재료와 혼합하여 6~12시간 정도 끓여 낸 후에 걸러 놓았다가 쓴다.
2. 송아지뼈는 8~10시간
3. 쇠뼈는 10~12시간

Tip Bouquet Garni Onion, Celery, Thyme, Parsley를 넣는 사람도 있고 Bay leaf, Parsley, Clove, Pepper Corn을 넣는 사람도 있다.

02 생선스톡

(Fish Stock: Fond ou fumet de poisson)

재료 준비

* 50인분 기준

Fish Bone(생선뼈) 100g / Water(물) 2ℓ / Onion(양파) 1/4개 / Butter(버터) 10g / Bay leaf(월계수잎) 1잎
Black Pepper corn(검은 통후추) 3g / Celery(셀러리) 10g / Parsley(파슬리) 1개

만드는 법

1. 생선뼈는 핏물을 제거한 후 2cm 길이로 자른다.
2. 양파와 셀러리는 길이로 채를 썬다.
3. 통후추는 칼등으로 눌러서 으깨어 놓는다.
4. 소스팬에 버터를 두르고 양파와 셀러리를 볶은 후 물을 붓고 뼈, 통후추, 월계수잎, 파슬리 등을 넣고 끓인다.
5. 끓을 때 생기는 거품은 걷어내고 흡수지에 걸러낸다.

Tip 20분 이상 끓여서는 절대 안 된다.

양식조리사

03 닭고기 스톡
(Chicken Stock: Fond de Volaille)

재료 준비

* 50인분 기준

Chicken Bones(닭뼈) 5~6kg / Water(물) 12ℓ
Onion(양파) 450g / Celery(셀러리) 230g / Thyme(타임) 3g
Parsley(파슬리) 5g / Bay leaf(월계수 잎) 1잎
Clove(정향) 3g / Peppercons(통후추) 3g

만드는 법

1. 뼈를 물에 깨끗이 씻은 후 Blanch해서 다시 다른 물을 붓고 나머지 재료와 같이 4~5시간 끓인다.
2. 위에 뜨는 찌꺼기는 제거한 후 걸러서 쓴다.

양식조리사

04 브라운 스톡 (Brown Stock: Fond burn)

재료 준비

Beef Bone(쇠뼈) 150g / Onion(양파) 75g
Carrot(당근) 40g / Celery(셀러리) 30g
Black Pepper Corn(검은 통후추) 4개
Parsley(파슬리) 1줄기
Bay Leaf(월계수 잎) 1잎 / Clove(정향) 1개
Celery(셀러리) 30g / Unsalted Butter(무염버터) 5g
Tomato(토마토) 150g / Salad Oil(식용유) 50㎖

요구사항

※ 주어진 재료를 사용하여 다음과 같이 브라운 스톡을 만드시오.

① 스톡은 맑은 갈색으로 만드시오.
② 쇠뼈는 핏물을 제거한 후 사용하시오.
③ 완성된 스톡의 양이 200ml 정도 되도록 하여 볼에 담아내시오.

수검자 유의사항

① 불 조절에 유의한다.
② 스톡이 끓을 때 생기는 거품을 걷어 내야 한다.
③ 조리 작품 만드는 순서를 틀리지 않아야 한다.
④ 숙련된 기능으로 맛을 내야 하므로 조리작업 시에 음식의 맛을 보지 않는다.
⑤ 채점대상에서 제외되는 경우

- 불을 사용하여 만든 조리작품이 작품 특성에 벗어나는 정도로 타거나 익지 않은 것
- 오작 : 요리의 형태를 다르게 만들거나 해당 과제의 지급재료 이외의 재료를 사용한 경우
- 미완성 : 문제의 요구사항대로 작품의 수량이 만들어지지 않은 경우
  요구작품 두 가지 중에 한 가지 작품만 만들었을 경우
  주어진 시간 내에 완성하지 못한 경우

만드는 법

1. 양파, 당근, 셀러리는 2.5~3cm 정도의 깍두기 모양으로 썬다.
2. 소뼈는 핏물을 제거한 후 끓는 물에 데쳐 낸다.
3. 소스팬에 버터를 두르고 소뼈를 볶아 색깔이 나기 시작하면 양파, 셀러리, 당근을 넣고 볶은 후 토마토 퓨레를 만들어 넣는다.
4. 3에 물을 부은 후 부케가니와 통후추를 넣고 서서히 끓여서 흡수지에 걸러 낸다.

5-2 수프(Soup)

수프는 고기나 야치를 넣고 끓인 국물(스톡)에 건더기를 넣고 끓여 양념한 것으로 정찬에서는 오르되브르 다음에 낸다.

01 비프 콩소메 수프
(Beef Consomme Soup)

재료 준비

* 1인분 기준

Ground Beef(갈은 쇠고기) 70g / Onion(양파) 150g
Carrot(당근) 40g / Celery(셀러리) 30g / Egg(계란) 1개
Salt(소금) 2g / Black Pepper Corn(검은 통후추) 1개
Tomato(토마토) 40g / Parsley(파슬리) 1줄기
Clove(정향) 1개 / Bay Leaf(월계수 잎) 1잎
Black Pepper(검은 후춧가루) 2g / Beef stock(육수) 500㎖

요구사항

※ 주어진 재료를 사용하여 다음과 같이 비프 콩소메를 만드시오.

① 완성된 수프는 맑은 갈색이 되도록 하시오.

② 완성된 수프의 양은 200㎖ 정도 되도록 하시오.

수검자 유의사항

① 맑고, 갈색의 수프가 되도록 불 조절에 유의한다.

② 조리 작품 만드는 순서를 틀리지 않아야 한다.

③ 숙련된 기능으로 맛을 내야 하므로 조리작업 시에 음식의 맛을 보지 않는다.

④ 채점대상에서 제외되는 경우

- 불을 사용하여 만든 조리작품이 작품 특성에 벗어나는 정도로 타거나 익지 않은 것
- 오작 : 요리의 형태를 다르게 만들거나 해당 과제의 지급재료 이외의 재료를 사용한 경우
- 미완성 : 문제의 요구사항대로 작품의 수량이 만들어지지 않은 경우
  요구작품 두 가지 중에 한 가지 작품만 만들었을 경우
  주어진 시간 내에 완성하지 못한 경우

만드는 법

1. 양파 밑둥을 1cm 정도 잘라서 팬에 넣고 태운다.
2. 나머지 양파, 당근, 셀러리는 4cm 정도로 채를 썬다.
3. 계란 흰자를 살짝 저어서 기포있게 만든 후, 야채와 쇠고기를 넣고 통후추를 넣어 섞어 준다.
4. 3과 찬 육수를 붓고 태운 양파와 부케가니를 넣은 후 끓인다.
5. 내용물이 흩어지지 않도록 불조절을 잘해야 한다.
6. 흡수지에 걸러서 소금만으로 간을 한 후 낸다.

TIP

이 내용물 중 meat를 바꾸면 여러 가지 consomme가 된다.

예를 들어 Chicken Meat로 하면 Chicken Consomme, Lamb, Game, Fish, Poultry 등이다. 또한 Double Consomme가 있는데 이것은 고기 양을 2배로 하고 나머지 야채는 1.5배로 해서 위와 같은 방법으로 조리하면 된다.

Consomme에서 Garnish를 넣은 것에 따라 이름이 바뀔 수도 있는데 가니쉬에는 다음과 같은 것들을 넣는다.

① Egg noodle : 칼국수 모양으로 만들어 3~4cm 정도로 썰어서 사용한다.

② Brunoise : 야채나 고기를 사방 2mm 정도 썰어서 사용한다.

③ Julienne : 길게 채 썰어서 사용한다.

④ Vermicelli : 가는 국수처럼 잘라서 사용한다.

⑤ Celestine : 길이 2cm 정도의 직사각형이나 다이아몬드형으로 잘라서 사용하는데 Egg Celestine을 주로 많이 사용한다.

⑥ Crouton : Toast Bread를 0.8cm 사방으로 썰어서 기름에 볶아 내거나 튀겨 낸다.

⑦ Dumpling : 생선이나 고기를 갈아서 크림, 계란 또는 빵 등과 섞어서 메추리알처럼 만든다.

양식조리사

02 미네스트로니 수프
(Minestrone Soup)

재료 준비

* 1인분 기준

Onion(양파) 40g / Celery(셀러리) 30g / Carrot(당근) 40g
Turnip(순무) 10g / White Cabbage(양배추) 40g
Unsalted Butter(무염버터) 5g / String Beans(줄기콩) 2줄기
Green Peas(완두콩) 5알 / Tomato(토마토) 20g
Spaghetti(스파게티) 2가닥
Tomato Paste(토마토 페이스트) 15g / Parsley(파슬리) 1줄기
Clove(정향) 1개 / Garlic(마늘) 1쪽 / Salt(소금) 2g
Black Pepper(검은 후춧가루) 2g / Bacon(베이컨) 1/2조각
Bay Leaf(월계수 잎) 1잎 / White stock(육수) 200㎖

요구사항

※ 주어진 재료를 사용하여 다음과 같이 미네스트로니 수프를 만드시오.

① 채소는 사방 1.2cm, 두께는 0.2cm 정도로 썰으시오.

② 줄기콩과 스파게티는 1.2cm 정도의 길이로 썰으시오.

③ 국물과 고형물의 비율을 3:1로 하시오.

④ 파슬리 가루를 뿌리시오.

수검자 유의사항

① 수프의 색과 농도를 잘 맞추어야 한다.

② 조리 작품 만드는 순서를 틀리지 않아야 한다.

③ 숙련된 기능으로 맛을 내야 하므로 조리작업 시에 음식의 맛을 보지 않는다.

④ 채점대상에서 제외되는 경우

- 불을 사용하여 만든 조리작품이 작품 특성에 벗어나는 정도로 타거나 익지 않은 것
- 오작 : 요리의 형태를 다르게 만들거나 해당 과제의 지급재료 이외의 재료를 사용한 경우
- 미완성 : 문제의 요구사항대로 작품의 수량이 만들어지지 않은 경우
  요구작품 두 가지 중에 한 가지 작품만 만들었을 경우
  주어진 시간 내에 완성하지 못한 경우

만드는 법

1. 양파, 당근, 무, 셀러리, 양배추, 감자는 사방 약 1.3cm 정도 두께 0.2cm 정도로 네모로 썰고 토마토는 콩카세(concasser)한다.
2. 물에 소금을 넣어 감자를 데쳐 낸 다음, 식용유를 약간 넣고 스파게티를 삶는다.
3. 스파게티와 줄기콩은 2cm 정도 자른다.
4. 파슬리는 다져서 소창에 싼 후 찬물에 헹구어 짜놓는다.
5. 소스팬에 버터를 두르고 야채(양파, 당근, 셀러리, 양배추)와 무를 볶다가 토마토 페이스트를 넣어 신맛이 없어질 정도로 볶는다.
6. 5에 물(육수)을 붓고 부케가니, 마늘에 정향을 꽂은 것을 함께 넣고 끓이다가 감자, 토마토, 스파게티, 껍질콩, 완두콩을 넣고 끓여 준다.
7. 다 끓으면 거품을 걷어 내고 부케가니와 마늘을 건져내고 소금과 후추로 간을 맞춘 후, 파슬리를 뿌려 낸다.

양식조리사

03 피시 차우더 수프
(Fish Chowder Soup)

재료 준비

* 1인분 기준

Cod(대구) 50g / Potato(감자) 30g / Bacon(베이컨) $\frac{1}{2}$조각
Onion(양파) 25g / Celery(셀러리) 30g
Unsalted Butter(무염버터) 20g / Flour(밀가루) 15g
Milk(우유) 200ml / Salt(소금) 2g
White Peper(흰 후춧가루) 2g / Bay Leaf(월계수 잎) 1잎
Clove(정향) 1개

요구사항

※ 주어진 재료를 사용하여 다음과 같이 피시 차우더 수프를 만드시오.

① 차우더의 농도를 맞추시오.
② 채소는 사방 0.7cm, 두께 0.1cm로, 생선은 1cm 폭과 길이로 썰으시오.
③ 완성된 수프는 200㎖ 정도로 내시오.

수검자 유의사항

① 피시 스톡을 만들어 사용하고 수프는 흰색이 나와야 한다.
② 베이컨은 기름을 빼고 사용한다.
③ 조리 작품 만드는 순서를 틀리지 않아야 한다.
④ 숙련된 기능으로 맛을 내야 하므로 조리작업 시에 음식의 맛을 보지 않는다.
⑤ 채점대상에서 제외되는 경우

- 불을 사용하여 만든 조리작품이 작품 특성에 벗어나는 정도로 타거나 익지 않은 것
- 오작 : 요리의 형태를 다르게 만들거나 해당 과제의 지급재료 이외의 재료를 사용한 경우
- 미완성 : 문제의 요구사항대로 작품의 수량이 만들어지지 않은 경우
  요구작품 두 가지 중에 한 가지 작품만 만들었을 경우
  주어진 시간 내에 완성하지 못한 경우

만드는 법

1. 야채(감자, 양파, 셀러리, 베이컨)은 약 0.7cm와 0.1cm 두께로 자른다.
2. 생선은 1cm 정도로 썬다.
3. 베이컨을 데친 다음에 야채를 데쳐 놓는다.
4. 소스팬에 물을 부어 생선을 넣고 데쳐 낸 다음에 흡수지로 걸러 사용한다.
5. 소스팬에 버터를 두르고 밀가루를 넣어 화이트 루(Roux)를 만든 다음에 4번 스톡을 붓는다.
6. 5에 야채와 월계수 잎을 넣고 끓이면서 우유로 농도를 맞춘 다음에 소금과 후추로 간을 맞추어 낸다.

04 | 헝가리안 비프 굴라시 수프
(Hungarian Goulash Soup)

시험시간 : 30분

재료 준비

* 50인분 기준

Beef(쇠고기) 3kg / Onion(양파) 1kg / Potato(감자) 3kg
Oil(식용유) 150g / Paprika(파프리카) 45g / Stock(스톡) 9ℓ
Tomato(토마토) 400g / Bay leaf(월계수 잎) 2잎
Caraway Seed(캐러웨이 시드) 3g
Parsley Stalks(파슬리 줄기) 5g
Salt & Pepper(소금 · 후추) 약간씩

만드는 법

1. 소고기와 야채를 Small Dice로 썬다.
2. 기름에 고기와 양파를 소테한다.
3. 파프리카와 소금, 후추 등을 뿌린다.
4. 스톡을 붓고 고기가 익을 때까지 가열한다.
5. 감자, 토마토와 향신료를 같이 넣어 가열한다.
6. 간을 맞추어 낸다.

Tip

① 서브할 때 Spaetzle를 곁들여 내기도 한다.
② 헝가리에서는 수프로 낼 때는 Gulyas라고 하고, 메인디시로 낼 때는 Porkott라고 부른다.

양식조리사

05 프렌치 어니언 수프
(French Onion Soup)

재료 준비

* 1인분 기준

Sliced onion(양파) 200g

Beef Stock or consomme(비프스톡 또는 콩소메) 270㎖

Unsalted Butter(무염버터) 20g

White Wine(백포도주) 15㎖ / Garlic(마늘) 1쪽

Salt(소금) 2g / Baguette Bread(바게트 빵) 1조각

Parmesan Cheese(파마산 치즈) 10g

Parsley(파슬리) 1줄기 / Black Pepper(검은 후춧가루) 1g

요구사항

※ 주어진 재료를 사용하여 다음과 같이 프렌치 어니언 수프를 만드시오.

① 양파는 5cm 크기의 길이로 일정하게 써시오.

② 바게트 빵은 구워서 사용하시오.

③ 완성된 수프의 양은 200㎖ 정도로 하시오.

수검자 유의사항

① 수프의 색깔이 갈색이 나도록 하여야 한다.

② 조리 작품 만드는 순서를 틀리지 않아야 한다.

③ 숙련된 기능으로 맛을 내야 하므로 조리작업 시에 음식의 맛을 보지 않는다.

④ 채점대상에서 제외되는 경우

- 불을 사용하여 만든 조리작품이 작품 특성에 벗어나는 정도로 타거나 익지 않은 것
- 오작 : 요리의 형태를 다르게 만들거나 해당 과제의 지급재료 이외의 재료를 사용한 경우
- 미완성 : 문제의 요구사항대로 작품의 수량이 만들어지지 않은 경우
  요구작품 두 가지 중에 한 가지 작품만 만들었을 경우
  주어진 시간 내에 완성하지 못한 경우

만드는 법

1. 양파를 버터에 짙은 갈색이 나게 소테한다.
2. 마늘을 넣고 볶고 난 후 White Wine을 넣어 Wine이 반 정도 되도록 조린다.
3. Stock을 넣고 30~40분 끓인다.
4 소금과 후추를 넣고 간을 맞춘다.
5. 바게트 빵을 잘라서 Crouton을 만들고 위에 Parmesan Cheese를 얹어 Salamamder나 Oven에 구워서 낸다.

06 | 양송이 크림 수프
(Cream of Mushroom Soup)

재료 준비

* 50인분 기준

Mushroom(양송이) 1kg / Onion(양파) 450k / Butter(버터) 500g
Flour(밀가루) 330g / Chicken Stock(닭고기 스톡) 5.6ℓ / Milk(우유) 1.8ℓ
Cream(크림) 0.9ℓ / Bay leaf(월계수 잎) 1잎
Salt & Pepper(소금 · 후추) 약간씩

만드는 법

1. Butter에 양파와 버섯을 볶는다.
2. Roux를 만들어 Stock을 붓고 1을 넣어 끓인다.
3. 우유와 크림을 넣어 끓인 후 버터를 넣어 부드럽게 만든다.
4. 간을 맞춘다.

07 닭고기 크림 수프
(Cream of Chicken Soup)

재료 준비

* 50인분 기준

Chicken Meat W/Bone(닭고기) 1.5kg / Chicken Stock(닭고기 스톡) 7ℓ
Onion, Sliced(양파) 450g / Sliced Celery(셀러리) 220g
Sliced Carrot(당근) 220g / Butter(버터) 450g / Flour(밀가루) 330g
Milk(우유) 1.8ℓ / Cream(크림) 0.9ℓ / Bay leaf(월계수 잎) 1잎
Salt & Pepper(소금 · 후추) 약간씩

만드는 법

1. 닭을 토막내어 버터에 소테한 후 야채를 넣어 소테한다.
2. Roux를 만들어 Stock을 붓고 1을 넣어 끓인다.
3. 체에 걸러 낸 다음, 우유와 크림을 넣어 끓인 후 간을 맞춘다.
4. 꺼낸 고기를 Dice해서 넣는다.

08 | 당근 수프 (Cream of Carrot Soup)

09 | 완두콩 수프 (Cream of Pea Soup)

재료 준비(당근 수프)

Carrot(당근) 2kg / Chicken Stock(닭고기 스톡) 6.6ℓ
Onion(양파) 450g / Butter(버터) 300g / Flour(밀가루) 300g
Milk(우유) 1.8ℓ / Cream(크림) 0.9ℓ
Bay leaf(월계수 잎) 1잎 / Salt & Pepper(소금 · 후추) 약간씩

재료 준비(완두콩 수프)

* 50인분 기준
Green Peas(완두콩) 3kg / Sliced Onion(양파) 1kg
Leek, Sliced(대파) 0.5kg / Butter(버터) 450g
Flour(밀가루) 330g / Chicken Stock(닭고기 스톡) 5.6ℓ
Milk(우유) 1.8ℓ / Cream(크림) 1.9ℓ
Bay leaf(월계수 잎) 1잎 / Salt & Pepper(소금 · 후추) 약간씩

8. 당근 수프(Cream of Carrot Soup)

만드는 법

1. 당근, 양파, 월계수 잎을 스톡에 넣고 1시간 정도 푹 삶는다.
2. 루(Roux)를 만들어 넣는다.
3. 월계수 잎은 건져내고 체에 걸러 내거나 믹서기에 갈아서 우유와 크림을 넣어 끓인다.
4. 간을 맞춘다.
5. Garnish는 Crouton이나 Whipping Cream으로 한다.

9. 완두콩 수프(Cream of Peas Soup)

만드는 법

1. 버터에 양파와 대파를 볶은 후 콩도 살짝 볶는다.
2. 밀가루를 넣어 갈색이 나지 않도록 주의해서 볶는다.
3. 치킨 스톡을 부어 콩이 완전히 잘 무르도록 끓인다.
4. 믹서기에 갈아서 체에 거른다.
5. 우유나 크림을 넣고 끓인 후 소금과 후추로 간을 맞춘다.
6. 장식은 휘핑 크림을 쳐서 위에 얹고 파슬리나 Bread Croutons을 뿌린다.

양식조리사

10 포테이토 크림 수프
(Potato Cream Soup)

시험시간 : 30분

재료 준비

* 50인분 기준

Potato(감자) 200g / Onion(양파) 40g

Chicken Stock(닭고기 스톡) 270㎖ / Unsalted(무염버터) 15g

Leek(대파) 1토막 / Whipped Cream(생크림) 20g

Bay leaf(월계수 잎) 1잎 / Salt(소금) 2g

White pepper(흰 후춧가루) 1g / Toast Bread(식빵) 1조각

요구사항

※ 주어진 재료를 사용하여 다음과 같이 포테이토 크림 수프를 만드시오.

① 완성된 수프의 양이 200㎖ 정도 되도록 하시오.

② 수프의 색과 농도를 맞추시오.

③ 크루톤(crouton)의 크기는 사방 0.8~1cm 정도를 만들어 수프에 띄우시오.

만드는 법

1. 버터를 넣고 양파와 셀러리가 부드러워질 때까지 소테한다.
2. 밀가루를 넣고 갈색이 나지 않도록 볶는다.
3. 치킨 스톡을 넣고 끓인다.
4. 감자를 살짝 볶아 넣는다. 감자가 잘 부서질 때까지 끓인다.
5. 믹서기에 갈아 체에 거른 다음, 우유나 크림을 넣고 잠깐 더 끓인 후 소금과 후추로 간을 맞춘다.
6. 파슬리를 다져서 모양 있게 뿌린다.

11 가스파초 수프
(Gazpacho Soup: Cold Soup)

재료 준비

* 50인분 기준

Cucumber(오이) 5kg / Tomato(토마토) 5kg / Green Pimento (피망) 500g / Onion(양파) 500g / Garlic(마늘) 3개

Red Wine Vinegar(식초) 500g / Water(물) 2ℓ

Consome(콩소메) 3ℓ / Olive Oil(올리브유) 500g

Bread Croutons(크루통) / Chive(차이브) / Cumin(커민) 2g

Salt & Pepper Tabasco(타바스코) 10g

만드는 법

1. 오이와 토마토는 씨를 뺀 후 잘게 자른다.
2. 모든 야채도 잘게 자른다.
3. 믹서기에 오이를 넣고 간 후에 토마토, 피망, 양파 순으로 넣고 물과 콩소메를 넣어서 갈고 식초, 소금, 후추를 넣고 간다.
4. 올리브 오일을 넣으면서 서서히 저어서 체에 거르고 나서 간을 맞춘다.
5. 서브할 때 크루통과 차이브를 띄워 낸다.

12 | 비씨소와 수프 Vichyssoise (Cold Soup)

재료 준비

* 50인분 기준

Patato(감자) 3kg / White Leek(대파) 500g / Onion(양파) 1kg
Chicken Stock(닭고기 스톡) 4ℓ / Cream(크림) 4ℓ
Bay leaf(월계수 잎) 1잎 / White Peppercoms(흰 통후추) 2g
Salt & Pepper(소금 · 후추) 적당량 / Chopped Chive &(차이브)
Crouton(크루통) / Marjoram(마조람)

만드는 법

1. 감자는 껍질을 벗겨서 잘게 썬다.
2. 감자, 양파, 파, 월계수 잎, 통후추를 넣은 후 치킨 스톡을 부어 끓인다.
3. 믹서기에 갈아서 체에 거른 후 냉장고에 넣어서 차게 한다.
4. 차가운 것을 꺼내고 크림과 섞은 후 간을 맞춘다.
5. 서브할 때 차이브 다진 것과 크루톤을 곁들여 낸다.

13 큐컴버 딜 수프 Cucumber Dill Soup
(Cold Soup)

재료 준비

* 1인분 기준

Cucumber(오이) 500kg / Onion(양파) 300g / Chicken Stock(닭고기 스톡) 3ℓ
Cream Cheese(크림 치즈) 600g / Fresh Cream(크림) 3ℓ
Plain Yoghurt(요구르트) 2ℓ / Lemon Juice(레몬 주스) 50g / Dill(딜) 30g
Salt & Pepper(소금 · 후추) 약간씩

만드는 법

1. 오이는 껍질을 벗기고 씨를 빼서 잘게 썬다.
2. 믹서기에 오이, 양파와 Chicken Stock을 넣어서 간다.
3. Cream Cheese, Fresh Cream, Yoghurt를 넣으면서 섞는다.
4. Lemon Juice와 후추를 넣고 Dill을 넣은 다음에 간을 맞춘다.
5. Garnish로 오이를 Small Dice로 썰어서 넣는다.

제6장 생선요리

Fish

수프 다음에 제공되는 요리 순서가 생선이다. 그러나 요즈음은 정찬이 아니면 생선 코스를 생략하는 수가 많고, 또는 하나의 훌륭한 주 요리(Main Dish)로 제공되고 있다.

특히 카톨릭 신자들은 금요일이면 육식을 하지 않고 생선을 먹기 때문에 많은 호텔의 식당이나 일반식당에서도 금요일의 메뉴에는 대부분 생선 요리를 낸다. 일반적으로 생선은 육류보다 섬유질이 연하고 소화가 잘 되나, 한편 자기 분해에 의해 부패하기 쉬운 결점이 있다. 그래서 인간의 생리상 본격적인 주 요리에 들어가기 전에 소화가 잘 되는 연한 생선으로 위를 달래고 나서 육류로 들어가는 것이 소화에 좋다.

생선은 크게 나누어 바다생선(Sea Fish), 민물생선(Fresh Water Fish), 갑각류(Shell Fish) 등으로 구분하여 사용한다.

6-1 기본 생선요리 방법의 분류

- Cold
  - Poached
    - Plain
    - Chaud froid
  - Marinated
    - Wine Oil
    - Vinegar Oil
  - Smoked
    - Cold Smoking: Salmon, Tuna
    - Hot Smoking: Halibut, Eel, Trout, etc
- Hot
  - Boiling
    - Basic Court Bouillon
    - White Court Bouillon
    - Vinegar & Water
  - Braising
    - Plain
    - Plain Batter
    - Breaded
    - Egg Batter
    - Special Batter
  - Gratinating
  - Grilling & Broiling
  - Poaching
    - Lemon Water
    - White Wine
    - Red Wine
  - Sauteing
    - Meuniere
    - Egg
    - Breaded

6-2 생선의 기본 조리법

(1) Boiling (Cuire) → 삶기

① Basic Court Bouillion → 기본 크루부용에 삶기
② White Court Bouillion → 흰 크루부용에 삶기
③ Acidulated Water(Vinegar Water) → (산성) 식초 물에 삶기

(2) Poaching (pocher) → 포칭

① White Wine Poaching → 백포도주에 포칭하기
② Red Wine Poaching → 적포도주에 포칭하기

(3) Braising (Braiser) → 조림

White Wine(백 포도주), Red Wine(적 포도주), Fish Stock(생선 스톡) 등을 넣고 졸여 익히는 방법

(4) Sauteing (Sauter) → 소테

① A la Meuniere → 밀가루를 묻혀 버터에 소테하는 방법
② Sauteing in Egg → 계란을 입혀 소테하는 방법
③ Sauteing in Breaded → 빵가루를 입혀 소테하는 방법

(5) Deep Fat Frying (Frive) → 튀김

① Deep Fat in Basic → 밀가루를 묻혀서 튀기는 방법
② Deep Fat in Breaded → 빵가루를 묻혀서 튀기는 방법
③ Deep Fat in Egg Batter → 계란을 묻혀서 튀기는 방법
④ Deep Fat in Plain Batter → 밀가루로 만든 버터 묻혀서 튀기기

(6) Deep Fat in Special Batter → 특수한 버터를 묻혀서 튀기는 방법

(7) Grilling & Broiling (Griller) → 석쇠 구이

(8) Gratinating (Gratiner) → 그라탱

(9) Smoking → 훈제(연기)로 요리하는 방법

- Cold Smoking → 18℃~24℃에서 Smoking
- Hot Smoking → 24℃ 이상에서 Smoking

(10) Marinated → 식초와 향신료 물 또는 식초와 와인을 1 : 3으로 절여서 하는 방법

6-3 생선 요리

1 찬 생선 요리(Cold Fish Cooking)

01 훈제 연어 (Smoked Salmon)

연어(Salmon) 4마리 Smoked하는 데 필요한 재료

재료 준비

Onion(양파) 5개 / Celery(셀러리) 500g / Salt(제렴) 10kg / Lemon peel(레몬껍질) 3개 / Carrot(당근) 5개
Parsley(파슬리) 50g / Black Pepper(검정후추) 15g / Thyme(타임) 7g / Bay leaf(월계수잎) 10잎
Rosemary(로즈마리) 10g / Sugar(설탕) 100g

만드는 법

1. 위의 야채를 Chopped(Not fine chopped)해서 소금과 섞는다. 24시간 후에 사용한다.
2. 연어를 Fillet으로 뜬다(1마리에 2쪽으로).
3. Sheet Pan에 소금을 얇게 깔고 Cheese cloth를 깐 다음에 연어를 얹어서 놓고, Cheese cloth를 덮은 후 소금을 깔고 계속해서 같은 방법으로 한다.
4. Fillet에 직접 소금이 닿지 않도록 한다.
5. 절이는 시간은 Fresh는 4~5시간, Frozen은 3 : 30~4시간 정도 한다.

6. 절인 후 12~24시간 정도 냉장고에 보관했다가 Smoking한다.
7. Smoking하는 데 중요한 것은 온도이다. 연어는 Cold Smoked 해야 하기 때문에 18~24℃를 맞춰야 한다. 이 이상 온도가 넘으면 실패한다.
8. Smoking 시간은 3~4시간 정도이다.
9. Smoking해서 냉장고에서 24시간 정도 보관했다가 사용하는 것이 좋다.

02 그라브락스 살몬 (Gravlax Salmon)

재료 준비

Fillet Salmon(연어) 1kg / Salt(소금) 20g / Sugar(설탕) 20g / Black Peppercorns(검정 통후추) 10g
Brandy(브랜디) 10cc / Dill Fresh(Dry 3g)(딜) 10g

만드는 법

1. 연어를 Fillet으로 떠서 뼈를 완전히 뽑아 내고 헝겊으로 물기를 제거한다.
2. Sheet Pan에 소금, 설탕, 후추, 브랜디, 딜을 $^2/_3$ 정도 뿌린 다음, 그 위에 연어를 엎어 놓고 나머지를 뿌린다.
3. 12시간 후에 계속 뒤집는다.
4. 3~4일 후에 사용하는 것이 가장 좋다.

양식조리사

01 피시 뮈니엘 (Fish Meuniere)

재료 준비

* 1인분 기준

Tubot(가자미) 1마리 / Unsalted Butter(무염버터) 50g
Lemon(레몬) $\frac{1}{4}$개 / Flour(밀가루) 30g / Salt(소금) 2g
White Pepper(흰 후춧가루) 2g / Parsley(파슬리) 1잎
Lemon(레몬) $\frac{1}{2}$개

요구사항

※ 주어진 재료를 사용하여 다음과 같이 피시 뮈니엘을 만드시오.

① 생선은 길이를 일정하게 하여 4쪽을 구워 내시오.
② 소스와 함께 레몬과 파슬리를 곁들여 내시오.

수검자 유의사항

① 생선살은 흐트러지지 않게 5장 포뜨기를 한다.
② 생선의 담는 방법에 유의한다.
③ 조리 작품 만드는 순서는 틀리지 않아야 한다.
④ 숙련된 기능으로 맛을 내야 하므로 조리작업 시에 음식의 맛을 보지 않는다.
⑤ 채점대상에서 제외되는 경우

- 불을 사용하여 만든 조리작품이 작품 특성에 벗어나는 정도로 타거나 익지 않은 것
- 오작 : 요리의 형태를 다르게 만들거나 해당 과제의 지급재료 이외의 재료를 사용한 경우
- 미완성 : 문제의 요구사항대로 작품의 수량이 만들어지지 않은 경우
  요구작품 두 가지 중에 한 가지 작품만 만들었을 경우
  주어진 시간 내에 완성하지 못한 경우

만드는 법

1. 파슬리 $\frac{1}{2}$은 찬물에 담가두고 $\frac{1}{2}$는 다져 놓는다.
2. 가자미는 깨끗이 씻은 다음 5장 뜨기를 한 후 껍질을 벗긴다.
3. 생선살에 소금과 후추를 뿌리고 밀가루를 묻혀서 버터 두른 팬에 익혀 낸다.
4. 생선살은 뼈쪽이 위쪽으로 오도록 접시에 담는다.
5. 버터, 레몬, 소스를 만들어 생선 위에 끼얹고 파슬리 다진 것을 뿌린 후 낸다.

양식조리사

02 솔 모르네 (Sole mornay)

재료 준비

* 1인분 기준

Turbot(가자미) 1마리 / Cheese(치즈) 1장 / Flour(밀가루) 10g
Unsalted Butter(무염버터) 50g / Milk(우유) 200㎖
Onion(양파) 50g / Clove(정향) 1개
Fish Stock(생선 스톡) 200cc / Water(물) 5㎖
Lemon(레몬) 1/4개 / Onion(양파) 50g
Bay Leaf(월계수잎) 1잎 / Parsley(파슬리) 1줄기
White Pepper Corn(흰통후추) 3개 / Salt(소금) 2g
Cayenne Pepper(카옌 페퍼) 2g

요구사항

※ 주어진 재료를 사용하여 다음과 같이 솔 모르네를 만드시오.

① 베사멜 소스와 피시 스톡(Fish Stock)을 만드시오.
② 생선은 포칭(Poaching) 하시오.
③ 수량은 같은 크기로 4개 내시오.
④ 카옌 페퍼를 뿌려 내시오.

수검자 유의사항

① 소스의 농도에 유의한다.
② 생선살이 흐트러지지 않도록 다섯장 뜨기를 한다.
③ 생선뼈는 지급된 생선으로 사용한다.
④ 조리 작품 만드는 순서는 틀리지 않아야 한다.
⑤ 숙련된 기능으로 맛을 내야 하므로 조리작업 시에 음식의 맛을 보지 않는다.
⑥ 채점대상에서 제외되는 경우

- 불을 사용하여 만든 조리작품이 작품 특성에 벗어나는 정도로 타거나 익지 않은 것
- 오작 : 요리의 형태를 다르게 만들거나 해당과제의 지급재료 이외의 재료를 사용한 경우
- 미완성 : 문제의 요구사항대로 작품의 수량이 만들어지지 않은 경우
  요구작품 두 가지 중에 한 가지 작품만 만들었을 경우
  주어진 시간 내에 완성하지 못한 경우

만드는 법

1. 치즈와 양파는 다져 놓는다.
2. 생선을 잘 씻은 후 5장 뜨기를 하여 껍질을 벗기고 소금과 후추로 간을 한다.
3. 생선뼈는 핏물을 잘 씻어내고 토막내어 야채를 볶고 뼈와 물 및 향신료를 넣어 끓여서 흡수지에 걸러 낸다.
4. 소스팬에 버터를 바른 후에 양파 다진 것을 놓고, 그 위에 생선을 놓고 생선스톡을 부어서 비등점 이하에서 익힌다.
5. 생선이 익으면 베사멜 소스에 치즈를 넣고 농도가 되면 생선 스톡으로 농도를 맞춘 후 소금과 후추로 간을 해서 생선 위에 끼얹고 파프리카를 뿌려 낸다.

03 | 굴 튀김
(Fried oyster)

재료 준비

Oyster Large (생굴) (Large Order:500-600pc) 250pc
Flour (밀가루) 300g / Egg(계란) 700ℓ
Bread Crumb (빵가루) 1kg / Slat & Pepper (소금 · 후추) 2g
Salad Oil (식용유) 3ℓ

만드는 법

1. 굴을 깨끗이 씻은 후 물기를 없앤다.
2. 소금을 뿌리지 않아도 자체에 간이 있기 때문에 후춧가루만 뿌린다.
3. 밀가루를 묻힌 후 계란 푼 것을 묻힌다.
4. 빵가루를 묻혀서 172℃~185℃에서 2~3분간 튀긴다.

* 특히 주의할 것은 빵가루가 너무 건조하지 않도록 하는 점이다. 냉장고나 냉동고에 넣었다가 튀기면 더욱 좋다.

04 생선 튀김
(Deep Fat Fried Fish-Breaded)

재료 준비

Fillet Fish (생선)
(140~180g) 50pc
Milk (우유) 1ℓ
Flour (밀가루) 1kg
Egg (계란) 10개
Bread Crumb (빵가루) 4kg
Salad Oil (식용유) 3ℓ
Salt & Pepper (소금 · 후추)
약간씩

만드는 법

1. 생선을 Fillet으로 자른다. 박대나 광어 등은 1인분에 3~4쪽으로 자른다.
2. 우유에 담근다.
3. 우유에서 꺼낸 다음 소금과 후추를 뿌린 후 밀가루를 묻힌다.
4. 계란을 흰자 노른자 섞어 놓은 후 밀가루 묻힌 생선에 계란을 묻힌다.
5. 빵가루 묻혀서 기름에 튀긴다(172~185℃).
6. 가니쉬로 레몬 웨이지와 파슬리 튀긴 것을 옆에 장식한다.

Tip

① 생선에 밀가루를 묻힌 후 계란에 묻힐 때 계란이 밀가루를 흠뻑 젖실 때까지 묻혀야 한다. 그렇지 않으면 튀긴 후 계란이 묻지 않은 부분은 붕 뜨게 된다.

② 빵가루가 너무 건조하면 물기를 축여서 묻혀야 한다. 빵가루를 너무 건조한 채로 묻혀서 튀기면 색깔은 나지만 익지 않은 상태가 되기 때문이다.

양식조리사

05 프렌치 프라이드 쉬림프
(French Fried Shrimp)

시험시간 : 25분

재료 준비

Shrimp(새우) 4마리 / Flour(밀가루) 80g / Sugar(설탕) 2g
Egg(계란) 1개 / Salt(소금) 2g
White Pepper(흰 후춧가루) 2g / Saled Oil(식용유) 500㎖
Lemon(레몬) 1/6개 / Parsley(파슬리) 1줄기
Napkin(냅킨) 2장 / Tooth pick(이쑤시개) 1개

요구사항

※ 주어진 재료를 사용하여 다음과 같이 프렌치 프라이드 쉬림프를 만드시오.

① 새우를 구부러지지 않게 튀김하시오.
② 새우 튀김은 4개를 제출하시오.
③ 레몬과 파슬리로 가니쉬를 하시오.

수검자 유의사항

① 새우는 꼬리쪽에서 1마디 정도만 껍질을 남긴다.
② 튀김반죽에 유의하고, 튀김의 색깔이 깨끗해야 한다.
③ 조리 작품 만드는 순서를 틀리지 않아야 한다.
④ 숙련된 기능으로 맛을 내야 하므로 조리작업 시에 음식의 맛을 보지 않는다.
⑤ 채점대상에서 제외되는 경우

- 불을 사용하여 만든 조리작품이 작품 특성에 벗어나는 정도로 타거나 익지 않은 것
- 오작 : 요리의 형태를 다르게 만들거나 해당 과제의 지급재료 이외의 재료를 사용한 경우
- 미완성 : 문제의 요구사항대로 작품의 수량이 만들어지지 않은 경우
  요구작품 두 가지 중에 한 가지 작품만 만들었을 경우
  주어진 시간 내에 완성하지 못한 경우

만드는 법

1. 새우는 소금물에 씻어서 내장을 꺼내고 꼬리쪽 1마디만 남기고 껍질을 벗긴 다음에 물주머니를 제거하고 배에 칼집을 넣는다.
2. 새우에 소금과 후추로 간을 한 다음에 밀가루를 묻힌다.
3. 계란 흰자로 거품을 내고 노른자, 밀가루, 설탕, 소금, 물 등을 넣어 반죽 후 계란 흰자를 넣어 준비한 새우에 튀김 옷을 입혀서 튀겨 낸다.
4. 파슬리도 튀겨 내는 것이 좋다. 레몬은 가니쉬로 곁들여 낸다.

06 달팽이 요리
(Snails Burgundy Style)

재료 준비

* 50인분 기준

Snails (1persons:6pc-12pc)(달팽이) 50인분 / Butter (버터) 1.5kg / Chopped Garlic (마늘) 200g
Chopped Parsley (파슬리) 600g / White Wine or Red Wine (백 포도주 또는 적 포도주) 800g
Chopped Shallot (쪽파) 500g / Lemon Juice (레몬 주스) 200g / Salt & Pepper (소금 · 후추)

만드는 법

1. 버터가 부드러워지게 녹인다.
2. 달팽이를 제외한 나머지를 버터에 넣어 섞는다.
3. 달팽이 껍질 안에 섞은 버터를 조금 집어 넣는다.
4. 각 껍질 하나에 달팽이 하나씩을 넣은 다음에 섞은 버터로 완전히 채운다.
5. 달팽이를 접시에 6개씩 또는 12개씩 담고 물을 조금 접시에 담은 후 210℃~220℃의 오븐에서 4~5분간 구워서 낸다.

제 7 장 주 요리

메인 디시는 주 요리로서 생선 다음에 제공되는 것이 보통이다. 가끔 코스가 긴 것은 생선 다음에 셔벗을 들고 나서 메인 요리(주 요리)를 들게 된다.

주 요리는 프랑스어로 Entree라고도 하는데 영어의 Entrance 란 뜻으로서 정찬의 중간 코스라고 의미해 왔으나, 지금에 와서는 주 요리로서 제공되는 요리를 Entree 라고 부른다.

주 요리에는 보통 Beef, Veal, Lamb, Pork, Poultry 등이 많이 사용된다. 현재는 생선도 주 요리로서 나올 때가 많으며, Vegetable 도 가끔 주 요리로 등장한다.

Main Dish

7-1 주 요리 기본조리 방법

(1) **Boiling**(bouillir) – Veal Stew, Calf's Tongue, Calf's Feet, Calf's Head, Tripe.

(2) **Braising**(Braisage)
- Ragout –Veal, Beef, Chicken Saute, Carbonnade, Sautes Curry, Mutton;Lamb
- Glaze

(3) **Poeler**(Poelage)
- 육류
- 가금류

(4) **Poaching**(Pochage)
- 가금류
- 훈제돈육

(5) **Roasting**(Rotissage)
- 붉은살 육류
- 흰살 육류
- 가금류, 엽조류

양식조리사

01 비프 스튜

(Beef Stew)

시험시간 : 40분

재료 준비

* 1인분 기준

Beef(쇠고기) 100g / Carrot(당근) 70g / Onion(양파) 40g
Celery(셀러리) 30g / Potato(감자) 50g / Garlic(마늘) 1쪽
Tomato Paste(토마토 페이스트) 20g / Flour(밀가루) 25g
Unsalted Butter(무염버터) 30g / Salt(소금) 2g
Black Pepper(검은후춧가루) 2g / Parsley(파슬리) 1줄기
Celery(셀러리) 30g / Clove(정향) 1개 / Bay Leaf(월계수잎) 1잎

요구사항

※ 주어진 재료를 사용하여 다음과 같이 비프 스튜를 만드시오.

① 완성된 쇠고기와 야채의 크기는 1.8cm 정도의 정육면체로 만드시오.
② 브라운 루(Brown Roux)를 만들어 사용하시오.
③ 그릇에 비프 스튜를 담고 파슬리 다진 것을 뿌려 내시오.

수검자 유의사항

① 소스의 농도와 분량에 유의한다.
② 고기와 야채는 형태를 유지하면서 익히는 데 유의한다.
③ 조리 작품 만드는 순서를 틀리지 않아야 한다.
④ 숙련된 기능으로 맛을 내야 하므로 조리작업 시에 음식의 맛을 보지 않는다.
⑤ 채점대상에서 제외되는 경우

- 불을 사용하여 만든 조리작품이 작품 특성에 벗어나는 정도로 타거나 익지 않은 것
- 오작 : 요리의 형태를 다르게 만들거나 해당 과제의 지급재료 이외의 재료를 사용한 경우
- 미완성 : 문제의 요구사항대로 작품의 수량이 만들어지지 않은 경우
  요구작품 두 가지 중에 한 가지 작품만 만들었을 경우
  주어진 시간 내에 완성하지 못한 경우

만드는 법

1. 쇠고기는 약 사방 2.5cm 정도, 야채는 약 2cm로 자른다.
2. 쇠고기는 소금과 후추로 간해서 밀가루를 묻힌다.
3. 팬에 버터를 두르고 야채를 볶은 뒤에 쇠고기를 볶는다.
4. 소스팬에 버터를 두르고 밀가루를 넣어 브라운 루를 만든 후 토마토 페이스트를 넣어 볶는다.
5. 물을 부어서 루(Roux)를 풀고 감자, 소금, 후추를 제외한 모든 재료를 넣어 끓이다가 감자를 넣고 푹 끓인다.
6. 부케가니(Bouquet Garni)를 건져내고 소금, 후추로 간을 해서 낸다.

양식조리사

02 솔즈베리 스테이크
(Salisbury Steak)

시험시간 : 40분

재료 준비

Ground Beef(갈은 쇠고기) 130g / Onion(양파) 25g
Egg(계란) 1개 / Milk(우유) 5㎖ / Bread Crumb(빵가루) 20g
Salt(소금) 2g / Black Pepper(검은 후춧가루) 2g
Salad Oil(식용유) 100㎖ / Carrot(당근) 70g
Patato(감자) 75g / Spinach(시금치) 70g
Unsalted Butter(무염버터) 50g / Sugar(설탕) 25g

요구사항

※ 주어진 재료를 사용하여 다음과 같이 솔즈베리 스테이크를 만드시오.

① 고기 앞과 뒤의 색을 갈색으로 내시오.
② 솔즈베리 스테이크의 형태를 갖추시오.
③ 더운 채소(당근, 감자, 시금치)를 각각 모양 있게 만들어서 함께 내시오.

수검자 유의사항

① 고기가 타지 않도록 하며, 구워진 고기가 단단해지지 않도록 유의한다(곁들이는 소스는 생략한다).
② 주어진 조미재료를 활용하여 더운 채소의 요리법(색, 모양 등)에 유의한다.
③ 조리 작품 만드는 순서를 틀리지 않아야 한다.
④ 숙련된 기능으로 맛을 내야 하므로 조리작업 시에 음식의 맛을 보지 않는다.
⑤ 채점대상에서 제외되는 경우

- 불을 사용하여 만든 조리작품이 작품 특성에 벗어나는 정도로 타거나 익지 않은 것
- 오작 : 요리의 형태를 다르게 만들거나 해당 과제의 지급재료 이외의 재료를 사용한 경우
- 미완성 : 문제의 요구사항대로 작품의 수량이 만들어지지 않은 경우
  요구작품 두 가지 중에 한 가지 작품만 만들었을 경우
  주어진 시간 내에 완성하지 못한 경우

만드는 법

1. 양파는 곱게 다져서 볶아 놓고 빵가루는 우유에 조금 적신다.
2. 곱게 다진 쇠고기에 양파, 달걀, 빵가루, 소금, 후추 등을 넣어 끈기가 있도록 치댄 다음에 타원형으로 만든다.
3. 팬을 달군 뒤에 식용유를 두르고 굽는다.
4. 당근은 Vichy나 Chateau로 잘라서 삶은 다음에 버터 · 설탕으로 요리한다.
5. 감자는 프렌치 감자로 튀겨 낸다.
6. 시금치는 살짝 데쳐서 다진 양파와 같이 버터로 볶아 낸다.
7. 3가지 야채와 스테이크를 보기 좋게 담는다.

양식조리사

03 설로인 스테이크 (Sirloin Steak)

재료 준비

* 1인분 기준

Sirloin Steak(등심 스테이크) 200g / Potato(감자) 75g
Carrot(당근) 70g / Spinach(시금치) 70g
Unsalted Butter(무염버터) 50g / Salad Oil(식용유) 300㎖
Salt(소금) 2g / Black Pepper(검은 후춧가루) 1g
Sugar(설탕) 25g / Onion(양파) 25g

요구사항

※ 주어진 재료를 사용하여 다음과 같이 설로인 스테이크를 만드시오.

① 온도를 잘 맞추어 미디움(medium)으로 구우시오.

② 더운 채소(당근, 감자, 시금치)를 각각 모양 있게 만들어 함께 내시오.

수검자 유의사항

① 스테이크의 색에 유의한다(곁들이는 소스는 생략한다).

② 주어진 조미재료를 활용하여 더운 채소의 요리법(색, 모양 등)에 유의한다.

③ 조리 작품 만드는 순서를 틀리지 않아야 한다.

④ 숙련된 기능으로 맛을 내야 하므로 조리작업 시에 음식의 맛을 보지 않는다.

⑤ 채점대상에서 제외되는 경우

- 불을 사용하여 만든 조리작품이 작품 특성에 벗어나는 정도로 타거나 익지 않은 것
- 오작 : 요리의 형태를 다르게 만들거나 해당 과제의 지급재료 이외 재료를 사용한 경우
- 미완성 : 문제의 요구사항대로 작품의 수량이 만들어지지 않은 경우
  요구작품 두 가지 중에 한 가지 작품만 만들었을 경우
  주어진 시간 내에 완성하지 못한 경우

만드는 법

1. 감자는 껍질을 벗겨서 0.7×0.7×5cm 정도로 잘라 반 정도 삶은 후 기름에 튀겨낸다(프렌치 프라이 포테이토).
2. 시금치는 다듬어 살짝 데친 후 양파를 다져서 볶다가 시금치를 넣어서 볶아 낸다.
3. 당근은 껍질 벗겨 0.3cm 정도의 두께로 썰어 설탕을 넣어서 익힌 다음 설탕, 소금, 버터 등을 넣어 윤기나게 한 후 파슬리 다진 것을 뿌려 낸다.
4. 등심 스테이크는 프라이팬을 달구어 양면이 갈색이 나게 익혀서 제공한다.
5. 팬에 야채를 볶고 버터와 밀가루를 넣어 브라운 루를 만들어 토마토 페이스트를 넣어 볶다가 브라운 스톡을 넣어 끓인 후 걸러서 간을 맞춘다.
6. 접시에 모양 있게 담아 낸다.

04 비프 스트로가노프
(Beef Stroganoff)

재료 준비

* 50인분 기준

Beef Tenderloin Tips(쇠고기 안심) 8kg / Onion, Sliced(양파) 700g / Mushroom, Sliced(양송이) 700g / Garlic(마늘) 15g
Butter(버터) 250g / Brown Sauce or(브라운 소스) 4ℓ
Flour(밀가루) 120g / Tomato Puree(토마토 퓌레) 2ℓ
Beef Stock(쇠고기 스톡) 2ℓ / Red Wine(적 포도주) 1ℓ
Sour Cream(사워 크림) 500g / Salt & Pepper(소금 · 후추)

만드는 법

1. 쇠고기 안심을 5cm×2.5cm×0.5cm 정도 되게 자른다.
2. 버터에 양파와 버섯을 갈색이 나게 볶고, 다시 고기를 갈색이 나도록 볶는다.
3. 고기와 양파, 버섯을 섞은 후 포도주와 소스를 넣고 10~20분 정도 끓인다.
4. 사워 크림을 넣어 섞은 후 소금과 후추로 간을 맞춰 낸다.
5. 가니쉬로 피클 오이와 피망 등을 쥘리엔느(Julienne)로 잘라서 위에 뿌려 장식한다.

05 | 스위스 스테이크
(Swiss Steak)

재료 준비

* 50인분 기준

Beef Round Steak(쇠고기 방심) 50조각(1조각 160~180g)
Oil(식용유) 450g / Onion, Chopped(양파) 2kg
Flour(밀가루) 150g / Brown Stock(브라운 스톡) 4ℓ
Tomato Puree(토마토 퓌레) 2kg
Salt & Pepper(소금 · 후추) / Red Wine(적포도주) 500g
Parsley(파슬리) 3g

만드는 법

1. 고기를 스테이크 식으로 잘라 양쪽 칼집을 내서 소금과 후추를 뿌리고 밀가루를 묻힌다.
2. 기름에 고기를 갈색이 나도록 소테하여 낸다.
3. 양파를 다져서 기름에 소테하여 낸다.
4. 소스팬에 양파 볶은 것을 붓고 고기를 넣어 스톡과 토마토 퓌레 및 적 포도주를 고기가 잠기도록 넣는다.
5. 175℃ 오븐에 2시간 정도 익힌다.
6. 고기 1인분에 소스 40g 정도 곁들인다.
7. 다진 파슬리로 장식한다.

06 비프 커틀릿 (Beef Cutlet)

재료 준비 * 50인분 기준

Beef 120~160g(쇠고기) 50조각 / Flour(밀가루) 1kg / Egg(계란) 10~15개
Bread Crumb(빵가루) 3~4kg / Salt & Pepper(소금 · 후추) 30~40g / Oil(식용유) 2~3ℓ

만드는 법

1. 고기를 두들겨서 납작하게 한 후에 칼집을 몇 군데 넣는다.
2. 소금과 후추를 뿌린다.
3. 밀가루를 묻힌다.
4. 계란을 풀어서 묻힌다.
5. 빵가루를 묻힌다.
6. 기름에 (172~185℃)에 튀기거나 팬 프라이해서 낸다.
7. 일명 일본말로 '비후까스' 라고 부른다.

07 햄버거 스테이크 (Hamburger Steak)

재료 준비 * 50인분 기준

Ground Beef(갈은 쇠고기) 7kg / Chopped Onion(양파) 1.5kg / Bread Crumb(빵가루) 2kg
Milk(우유) 400g / Egg(계란) 8개 / Salt & Pepper(소금 · 후추) 200g / Salad Oil(식용유) 약간

만드는 법

1. 양파를 기름에 볶은 다음에 식힌다.
2. 나머지 재료를 모두 섞어서 200g씩 만든다.

Tip

(1) Hamburger Steak American Style은 순 고기만으로 한다.
(2) Hamburger Steak를 Chopped Beef Steak라고도 한다.
(3) Salisbury Syeak는 Hamburger를 타원형 Steak로 만들면 된다.

양식조리사

01 바비큐 폭 찹
(Barbecued Pork Chop)

시험시간 : 40분

재료 준비

* 1인분 기준

Pork Rib(돼지 갈비) 200g / Tomato ketchup(케첩) 30g
Worcester Sauce(우스터 소스) 3㎖
Brown Sugar(황설탕) 5g / Onion(양파) 40g
Celery(셀러리) 30g / Lemon(레몬) 1/6개 / Galic(마늘) 1쪽
Unsalted Butter(무염버터) 10g / Vinegar(식초) 5㎖
Hot Sauce(핫 소스) 2㎖ / Bay Leaf(월계수잎) 1잎 / Salt(소금) 2g
Black Pepper(검은 후춧가루) 2g / Flour(밀가루) 10g
Beef Stock(육수) 200㎖ / Salad Oil(식용유) 30㎖

요구사항

※ 주어진 재료를 사용하여 다음과 같이 바비큐 폭 찹을 만드시오.

① 고기는 뼈가 붙은 채로 하고 고기의 두께는 2cm 정도로 하시오(단, 지급재료에 따라 가감한다).
② 완성된 소스 상태가 윤기가 나며 겉물이 흘러나오지 않도록 하시오.

수검자 유의사항

① 주어진 재료로 소스를 만들고 농도에 유의한다.
② 재료의 익히는 순서를 고려하여 끓인다.
③ 조리 작품 만드는 순서를 틀리지 않아야 한다.
④ 숙련된 기능으로 맛을 내야 하므로 조리작업 시에 음식의 맛을 보지 않는다.
⑤ 채점대상에서 제외되는 경우

- 불을 사용하여 만든 조리작품이 작품 특성에 벗어나는 정도로 타거나 익지 않은 것
- 오작 : 요리의 형태를 다르게 만들거나 해당 과제의 지급재료 이외의 재료를 사용한 경우
- 미완성 : 문제의 요구사항대로 작품의 수량이 만들어지지 않은 경우
  요구작품 두 가지 중에 한 가지 작품만 만들었을 경우
  주어진 시간 내에 완성하지 못한 경우

만드는 법

1. 양파와 셀러리는 곱게 다진다.
2. 고기는 잔 칼집을 넣어서 소금과 후추로 간을 한 후에 밀가루를 묻혀서 팬에 익힌다.
3. 소스팬에 버터를 두르고 다진 양파와 셀러리를 먼저 볶다가 토마토케첩을 넣고 볶는다.
4. 3.에 육수(물)을 붓고 월계수잎, 핫 소스, 황설탕, 식초를 넣고 끓이다가 구워 놓은 고기를 넣고 졸인다.
5. 완성되면 월계수잎을 건져내고 소금과 후추로 간을 한 다음, 접시에 담아낸다.

02 포크 커틀릿
(돈까스; Pork Cutlet)

재료 준비

* 1인분 기준

Pork loin(돼지고기 120~160g) 50조각 / Flour(밀가루) 1kg

Egg(계란) 10~15개 / Bread Crumb(빵가루) 3~4kg

Salt & Pepper(소금 · 후추) 약간씩 / Oil(식용유) 2~3ℓ

만드는 법

1. 고기를 두들겨서 납작하게 한 다음, 칼집을 몇 군데 넣는다.
2. 소금과 후추를 뿌린다.
3. 밀가루를 묻힌다.

4. 계란을 풀어서 묻힌다.
5. 빵가루를 묻힌다.
6. 172°C~185℃의 기름에 튀기거나 팬 프라이해서 낸다.

7-4 닭고기(Chicken)

양식조리사

01 | 치킨 커틀릿 (Chicken Cutlet)

시험시간 : 30분

재료 준비

* 1인분 기준

Chicken(닭) 1/2마리 / Egg(계란) 1개 / Flour(밀가루) 30g
Bread Crumb(빵가루) 50g / Salt(소금) 2g
Black Pepper(검은 후춧가루) 2g / Salad Oil(식용유) 300㎖
Napkin(냅킨) 2장

요구사항

※ 주어진 재료를 사용하여 다음과 같이 치킨 커틀릿을 만드시오.

① 닭은 껍질째로 사용하시오.
② 완성된 커틀릿의 두께를 1cm 정도로 하시오.
③ 딥 팻 프라이(Deep Fat Frying)로 하시오.

수검자 유의사항

① 닭고기 모양에 유의한다.
② 완성된 커틀릿의 색깔에 유의한다.
③ 조리 작품 만드는 순서를 틀리지 않아야 한다.
④ 숙련된 기능으로 맛을 내야 하므로 조리작업 시에 음식의 맛을 보지 않는다.
⑤ 채점대상에서 제외되는 경우

- 불을 사용하여 만든 조리작품이 작품 특성에 벗어나는 정도로 타거나 익지 않은 것
- 오작 : 요리의 형태를 다르게 만들거나 해당 과제의 지급재료 이외의 재료를 사용한 경우
- 미완성 : 문제의 요구사항대로 작품의 수량이 만들어지지 않은 경우
  요구작품 두 가지 중에 한 가지 작품만 만들었을 경우
  주어진 시간 내에 완성하지 못한 경우

만드는 법

1. 닭뼈를 발라내고 살을 펴서 칼등으로 고루 다져 주면서 껍질 쪽을 칼로 찍어 준다.
2. 닭에 소금, 후추 간을 한 후 밀가루를 묻히고 계란을 흠뻑 적시게 하여 빵가루를 묻힌다.
3. 튀김 기름에 튀겨 낸다(180℃ 정도).

양식조리사

02 치킨 알라 킹 (Chicken A'la King)

시험시간 : 30분

재료 준비

* 1인분 기준

Chicken(닭) 1/2마리 / Green Pimento(청 피망) 20g
Red Pimento(적 피망) 15g / Onion(양파) 25g
Mushroom(양송이) 20g / Unsalted Butter(무염버터) 20g
Flour(밀가루) 15g / Milk(우유) 150㎖ / Clove(정향) 1개
Whipped Cream(생크림) 20g / Salt(소금) 2g
White Pepper(흰 후춧가루) 2g / Bay Leaf(월계수잎) 1잎

요구사항

※ 주어진 재료를 사용하여 다음과 같이 치킨 알라 킹을 만드시오.

① 완성된 닭고기와 야채 및 버섯의 크기는 1.8×1.8cm 정도로 균일하게 하시오. (단, 지급된 재료의 크기에 따라 가감한다)

② 치킨 육수를 만들어서 사용하시오.

수검자 유의사항

① 소스의 색깔과 농도에 유의한다.

② 조리 작품 만드는 순서를 틀리지 않아야 한다.

③ 숙련된 기능으로 맛을 내야 하므로 조리작업 시에 음식의 맛을 보지 않는다.

④ 채점대상에서 제외되는 경우

- 불을 사용하여 만든 조리작품이 작품 특성에 벗어나는 정도로 타거나 익지 않은 것
- 오작 : 요리의 형태를 다르게 만들거나 해당 과제의 지급재료 이외 재료를 사용한 경우
- 미완성 : 문제의 요구사항대로 작품의 수량이 만들어지지 않은 경우
  요구작품 두 가지 중에 한 가지 작품만 만들었을 경우
  주어진 시간 내에 완성하지 못한 경우

만드는 법

1. 그린 피망, 레드 피망, 양파 등을 약 2cm 정도 썰고 양송이는 껍질을 벗겨서 결대로 썬다.
2. 닭고기는 뼈와 껍질을 분리시켜 2.5cm 정도로 자른다.
3. 야채들을 살짝 볶아 놓는다.
4. 닭고기를 살짝 볶다가 물을 부어서 익혀 놓는다. 국물을 육수로 사용한다.
5. 밀가루와 버터를 넣어 화이트 루로 볶아 우유를 넣어 끓이면서, 양파에 정향을 꽂아 넣어 더 끓인 뒤 소창에 걸러 낸다.
6. 다시 소스팬에 베샤멜 소스를 넣고 닭고기, 야채 등을 넣은 후 치킨 스톡과 생크림으로 농도를 맞추고 소금과 후추로 간을 맞춘다.
7. 버터를 약간 넣어 윤기를 더해서 낸다.

03 | 치킨 커리와 밥
(Chicken Curry with Rice)

재료 준비

* 50인분 기준

Chicken Meat(닭고기) 6kg / Onion(양파) 1kg
Butter(버터) 700g / Flour(밀가루) 700g
Curry Powder(커리 가루) 50g
Chicken Stock(닭고기 스톡) 6ℓ / Cream(크림) 1ℓ
Salt & Pepper(소금 · 후추) / Rice(밥) 7.5kg

만드는 법

1. 닭은 깨끗이 씻은 후 다리와 가슴살 등을 각각 4조각씩 잘라서 치킨 스톡에 익힌다.
2. 버터에 곱게 다진 양파를 볶은 후 밀가루를 넣고 볶다가 커리 가루를 넣어 10분 정도 색깔이 나지 않게 볶는다.
3. 뜨거운 치킨 스톡을 넣어 푼 다음, 크림을 넣어서 잘 저은 후에 간을 맞춘다.
4. 팬에 닭을 넣은 후 소스를 그 위에 붓고, 175℃ 오븐에 10~20분 정도 구운 다음에 낸다.
5. 밥을 둥근 모양에 넣어 만들어 접시에 올려 놓고 그 안에 치킨 커리를 담아낸다.

04 로스트 치킨 (Roast Chicken)

재료 준비

* 50인분 기준

Chicken Whole(1.5kg~2kg 통닭) 12마리
Salad Oil or Butter(식용유 또는 버터) 250cc
Mirepoix(미르포와) 500g / Onion(양파) 250g
Celery(셀러리) 250g / Carrot(당근) / Flour(밀가루) 300g
Chicken Stock(닭고기 스톡) 4g
Salt & Pepper(소금 · 후추) 약간씩

만드는 법

1. 통닭을 깨끗이 씻은 후에 기름을 바른다.
2. 로스팅 팬에 넣어 175℃에서 30분 가량 굽는다.
3. 세 가지 야채를 얼기설기 썰어서 담고, 그 위에 닭의 가슴이 위로 올라오도록 놓고 30분 정도에서 1시간 가량 굽는다.
4. 가끔 흐르는 기름을 위쪽에 발라서 너무 건조하지 않도록 한다.
5. 색이 너무 나면 중간에 쿠킹 포일을 씌워 익힌다.
6. 고기가 완전히 익었으면 꺼낸다.
7. 팬에 남은 기름을 잘 거른 다음에 밀가루를 넣어 10분 정도 볶은 후 뜨거운 치킨 스톡을 붓고, 15~20분 정도 끓여 체에 거른 후 소금과 후추로 간을 하고 소스로 쓴다.
8. 소스에 버터를 조금 넣어 사용하면 더욱 부드럽고 맛이 좋다.

제8장 야채요리

야채(Vegatables; Legumes)는 날 것, 삶은 것, 저장한 상태에서 먹을 수 있는 모든 식물 혹은 식물의 부분을 말하며, 영양가 면에서 매우 중요하다. 곡물, 스파이스(spices), 그리고 과일은 야채에 속하지 않는다.

Vegetables

8-1 야채의 종류와 특징

(1) 저장 야채

① 저장 야채는 미리 조리되어 저장된 야채로 통조림 야채, 건조 야채, 냉동 야채, 그리고 소금과 식초에 절인 야채를 포함한다.
② 통조림 야채는 살균처리하여 통이나 유리병에 담아서 저장한 야채이다.

(2) 신선한 야채

① 구근관성 야채(Root and Tuber Vegetables-Legumes a Racines)
회향(fennel), 예루살렘 아티초크(Jerusalem artichoke), 당근, 감자, 셀러리 뿌리, 쐐기뿔 뿌리(nettle root), 콜라비(kohlrabi, 순무양배추), 황색 큰 무(rutabaga), 고추냉이(horseradish), 사탕무, 서양우엉(salsify), 큰 무

② 잎야채(Leafy Vegetables-Legumes a cotes)
스위스 근대(chard), 소렐(sorrel, 수영류), 시금치

③ 줄기 야채(Stem Vegetables-Legumes a cotes)
아스파라거스, 셀러리, 카르둔(Cardoon, 아티초크의 일종)

④ 샐러드 야채
뿔 상추(Endive), 상추, 치커리(chicory), 워터크레스(watercress, 물냉이), 겨자

⑤ 캐비지(Cabbage-Choux)
콜리플라워(Cauliflower), 그린 캐비지, 브루셀 스프라우트(brussels sprouts), 적채, 브로콜리(broccoli), 화이트 캐비지, 사보이 캐비지, 케일(kale)

⑥ 열매와 씨를 가진 야채(Legumes a graines et a fruits)
아티초크, 가지, 콩, 완두, 오이, 잠두콩, 옥수수, 토마토, 호박(zucchini)

⑦ 뿌리만 쓰는 야채(Bulbous Vegetables-Oignons)
마늘, 부추, 작은 옥파, 셜롯(shallot, 실파류), 양파

(3) 품질 특성

야채들은 그 크기가 동일하고 형태, 소각, 견고성, 기계적인 손상, 부패, 결점이 없어야 하고 외관이 신선하고 밝은 색이어야 한다.

야채에는 무기질, 비타민, 미량원소, 필수지방이 들어 있어서 매우 중요하다. 또한 준비하는 과정에서 매우 용도가 넓으므로 다양한 메뉴를 준비할 수 있다.

(4) 저장

야채는 부패성이 매우 커서 주의 깊은 관리가 필요한데, 저장할 때는 낮은 온도와 높은 습도가 필요하지만 몇 가지 예외도 있다.

모든 야채는 검사를 받으면 권장된 저장온도와 습도에 맞추어 신속히 저장해야 하고, 대부분 보존할 수 있는 기간이 제한되어 있으므로 구매 후 바로 사용해야 한다.

(5) 야채와 계절(season)

신선한 야채들은 연중 계속하여 구입이 가능하지만 제철에 가장 많은 양이 출하된다. 제철이 아닌 계절에 구입한 야채는 대부분 가격이 높고 품질도 좋지 않다.

① 봄 야채

시금치, 봄상추, 당근, 상추, 민들레, 양상추, 래디시(radishes), 소렐(sorrel), 아스파라거스

② 여름 야채

아티초크, 가지, 콩, 완두, 오이, 양배추, 상추, 토마토, 호박(zucchini)

③ 가을 야채

카르둔(Cardoons), 감자, 양배추, 부추, 방풍나물(parsnips), 셀러리(celery), 모든 구근 야채

④ 겨울 야채

루타바가(Rutabaga), 엔다이브(endive 꽃상추), 셀러리 뿌리, 사탕무, 브뤼셀 스프라우트(brussels sprouts), 살시피(salsify 서양우엉), 순무(turnips)

(6) 용도(Usage)

야채는 다양한 맛, 조직, 색으로 메뉴를 다채롭게 꾸며 준다. 또한 다른 식품 안에 함유되어 있지 않은 필수 영양분을 많이 갖고 있고, 식사에 비타민 A와 C의 주요한 공급원이 되고 있다. 익힌 야채나 생야채는 섬유소의 급원이므로 체중을 줄이는 식이요법에서 낮은 칼로리로 풍부한 양을 사용할 수 있다.

(7) 야채의 요리방법

조리하기 전에 물에 데치기, 삶기, 찌기, 소테, 튀김, 그라탱(gratinating), 글레이징(glazing), 끓이기, 그릴링(grilling)을 한다.

8-2 야채의 기본 조리방법

(1) 살짝 데침(Blanching)

① 데침은 물이나 기름으로 하는데, 야채의 비율이 10 : 1 정도로 한다. 야채를 깨끗하게 손질하여 씻은 후, 물 1ℓ 당 소금 5g 정도의 비율로 펄펄 끓이면서 익혀서 꺼내는 동시에 얼음물에 넣어 빠른 시간 내에 완전히 식힌다.

② 이 방법은 성수기에 싼 야채를 사서 저장했다가 비성수기에도 계속 쓸 수 있도록 하는 데 많이 사용된다. 또한 효소 작용을 방지하고 고유한 색상과 영양가를 그대로 유지하는 데 장점이 있다. 기름에 살짝 데침은 튀김에 있어서 예비단계로 많이 사용된다.

(2) 삶기(Boiling)

① 신선한 야채를 삶을 때는 깨끗이 씻어 끓는 물에 넣고 삶는다. 물에 소금이나 레몬 주스, 송아지의 콩팥 지방, 물에 녹인 밀가루를 첨가해 삶으면 야채가 검게 변하는 것을 방지할 수 있다.

② 건조된 야채는 주로 두류인데, 찬물에 담가 끓여 거품이 생기면 거두어 내고 서서히 부드러워질 때까지 끓인다. 물에 소금과 베이컨 및 향신료 등을 넣고 삶는다.

(3) 브레이징(Braising)

① 미르포아(mirepoix)와 베이컨 껍질을 기름에 살짝 튀긴 후, 강한 불에 살짝 익힌 야채를 팬에 놓고 소금을 뿌린 후 야채의 1/3 높이만큼 스톡을 붓고 기름 종이를 덮어 아래로 눌러 놓고 끓기 시작하면 온도를 낮추고 오븐에서 천천히 끓인다. 야채를 뜨겁게 하여 장식물이나 소스와 함께 서브한다.

② 푸른 콩과 슈거완두는 입방체로 썬 베이컨, 곱게 다진 양파, 약간의 세이보리(Savory)와 함께 먼저 튀긴 다음에 부드러워질 때까지 천천히 끓인다.

(4) 튀김(Deep fat frying)

야채를 손질하여 소금과 후추를 뿌려서 그냥 튀기는 방법과 밀가루만 묻혀서 튀기는 방법, 계란만 묻혀서 튀기는 방법, 밀가루나 계란이나 빵가루를 묻혀서 튀기는 방법 등 다양하다. 튀김 온도는 172~185℃에서 실시한다.

(5) 글레이징(Glazing)

야채를 소금물에 살짝 삶거나 강한 불에 살짝 익혀서 물기를 빼고 넓고 낮은 팬에 담아 소스나 버터, 설탕, 조미료, 소량의 용액을 첨가하고 팬의 뚜껑을 덮어 용액이 농축되어 묽은 시럽 상태가 될 때까지 부드럽게 익힌다.

뚜껑을 열고 야채가 윤기가 나고 글레이즈한 외양이 드러나기까지 소스나 시럽에 굴린다. 글레이즈하기에 가장 좋은 야채는 당근, 밤, 순무, 진주 양파같이 당을 함유한 야채들이다.

(6) 그레티네이팅(Gratinating)

① 아스파라거스, 펜넬(Fennel 회향), 셀러리 등의 야채를 다듬어 씻은 후 삶거나 수증기에 익힌 다음 물기를 뺀다. 버터칠을 한 Gratin(그라탱) 접시에 담아 소스로 덮고, 치즈와 녹인 버터를 넣은 소스를 뿌려서 그 야채를 오븐이나 브로일러(broiler)에 그라탱한다.

② 홀렌다이즈 소스(Hollandaise Sauce), 모르네(Mornay), 데미 글라스(Demi Glace)나 치즈, 버터와 조미료 등을 사용한다.

(7) 소테(Sauteing)

기름이나 버터를 팬에 조금 넣고 뜨겁게 열을 올려서 야채를 넣어 조리하는 방법으로, 필요하면 밀가루를 조금 뿌리고 굴려 가면서 약간 갈색을 내도록 조리한 후 소금과 조미료를 사용한다.

(8) 증기찌기(Steaming)

물, 소금, 후추, 향신료 등을 사용하여 야채가 부드러워질 때까지 수증기로 찐다.

요구되는 조리 시간은 야채의 종류와 성숙도에 따라 좌우되며, 그것을 조리하는 도구에 의해서도 좌우된다.

야채의 영양과 향기 및 모양은 보일링(boiling)보다 스티밍(steeaming)으로 잘 보존할 수 있다.

(9) 스튜(Stewing)

① 기름이나 버터, 소금, 후추, 양파, 레몬, 백 포도주, 스톡 등을 사용하는 방법이다.

② 토마토(Tomatoes Concasse), 호박(Zucchini), 버섯같이 수분 함량이 높은 야채는 지방, 소금, 후추, 레몬주스, 양파와 와인이 있는 소스 팬에 담은 다음에 농축한다. 씻은 버섯과 야채를 넣고 뚜껑을 덮어서 익을 때까지 끓인다. 야채는 낮은 온도에서 익혀서 용액의 증발을 막아야 한다.

(10) 오븐 굽기(Baking)

주로 감자를 많이 사용하는데, 껍질을 벗기지 않고 잘 씻은 후 팬에 소금을 깔고 감자를 넣은 후 200℃의 오븐에서 40~50분 정도 굽는다.

쿠킹 포일로 싸서 오븐에 굽는 방법도 많이 사용한다.

(11) 로스팅(Roasting)

감자나 고구마에 많이 사용되는데, 사용할 정도로 잘라서 기름을 로스팅팬에 가열하여 재료를 넣고 색깔이 나지 않도록 로스트한다.

01 애호박 소테
(Sauted Zucchini)

재료 준비

* 50인분 기준

Zucchini Squash(애호박) 4.5kg

Butter(버터) 450g / Onion(양파) 300g

Salad Oil(식용유) 0.1ℓ

Salt & Pepper(소금 · 후추) 약간씩

만드는 법

1. 애호박을 잘 씻어서 큰 것을 반으로 나눈다.
2. 5~8mm 정도 엇비슷하게 자른다.
3. 반 정도의 버터에 기름을 넣어서 다진 양파를 볶은 다음에 호박을 볶는다.
4. 버터를 더 넣고 볶다가 소금과 후추로 간을 맞춘 후 서브한다.

02 시금치 소테 (Buttered Spinach)

재료 준비

* 50인분 기준

Spinach(시금치) 4.5kg / Butter(버터) 450g / Salt & Pepper(소금 · 후추) 약간씩 / Onion(양파) 300g

만드는 법

1. 시금치를 잘 다듬어 씻는다.
2. 물에 소금을 타서 끓는 물에 넣어 삶는다.
3. 버터를 녹여 시금치를 넣고 굴린 다음, 소금과 후추로 간을 맞춘 후 서브한다.
4. 버터 시금치 요리는 다진 양파를 버터에 볶다가 야채를 섞으면 더욱 맛이 좋다.

Tip 거의 대부분의 버터 야채 요리는 양파, 마늘, 베이컨 등을 많이 사용하므로 맛이 더욱 좋아진다.

03 버터 당근 (Buttered Carrots)

재료 준비

* 50인분 기준

Carrots(당근) 4.5kg / Butter(버터) 200g / Salt & Pepper(소금 · 후추) 약간씩 / Sugar(설탕) 100g
Bay Leaf(월계수 잎) 5잎

만드는 법

1. 당근 껍질을 벗긴 후 3mm 정도의 두께가 되도록 대각선으로 자른다.
2. 물에 소금과 당근 및 월계수 잎을 넣어 삶는다.
3. 다 삶은 후에 물을 없애고 버터를 넣고 간을 맞춘 후 서브한다.

Tip Vichy Carrots은 위와 같이 잘라서 물에 소다를 넣고 삶은 후 버터에 소테하면서 100g의 설탕을 넣고 맨 나중에 다진 파슬리를 뿌려서 서브한다. 또한 향신료로 월계수잎, Clove(정향)을 넣어 삶는 방법이 많이 이용된다.

04 그린피스 (Buttered Green Peas)

재료 준비

* 50인분 기준

Green Peas(완두콩) 4.5kg / Butter(버터) 200g / Salt & Pepper(소금 · 후추) / Sugar(설탕) 약간씩

만드는 법

1. 물에 소금을 넣고 콩을 삶는다.
2. 너무 많은 양을 삶으면 부서질 수 있으므로 적은 양씩 삶는다.
3. 나가기 전에 버터에 소테하여 소금, 후추, 설탕 등을 넣은 다음에 간을 맞춘 후 서브한다.

Tip
(1) English Green Peas는 위의 양목표에 설탕 200g과 박하향 5g을 넣으면 된다.
(2) Diced Fresh Carrot and Peas는 3.5kg 당근과 1kg Green Peas를 섞어 Buttered Green Peas와 같이 하면 된다.

05 뒤체스 포테이토
(Potatoes Duchesse)

재료 준비

* 50인분 기준

Potato(감자) 6.5kg

Butter(버터) 250g

Egg Yolks(계란 노른자) 10개

Salt & Pepper(소금 · 후추) 약간씩

Grated Nutmeg(넛멕) 적당량

만드는 법

1. 감자의 껍질을 벗기고 눈을 뗀 다음에 5~6 등분하여 자른다.
2. 삶기 전까지 찬물에 담가 둔다.
3. 물에 소금을 넣고 아주 부드러워질 때까지 삶는다.
4. 물에서 건진 후 버터, 계란 노른자, 소금, 후추, 너트메그 등을 넣고 잘 으깬다.
5. 별 모양이나 세모, 팔각형 모양의 튜브를 낀 파이핑 백에 넣은 후 팬에 모양 있게 짠다.
6. 계란과 버터를 바른 후 235℃의 오븐에 넣어서 색깔을 내어 서브한다.

06 크로켓 포테이토
(Potato Croquettes)

재료 준비

* 50인분 기준

Potato(감자) 6.5kg / Butter(버터) 250g / Egg Yolks(계란 노른자) 10 / Salt & Pepper(소금 · 후추) 적당량
Cornstarch(전분) 200g / Flour(밀가루) 1kg / Egg(계란) 1ℓ / Bread Crumb(빵가루) 1.5kg

만드는 법

1. Duchesse Potato처럼 반죽을 하는데, 연하기 때문에 전분을 넣어서 좀 단단하게 한 다음, 냉장고에 식힌다.
2. 엄지손가락 굵기로 길게 밀어 넣고 4~6cm 정도로 자른다.
3. 밀가루 묻히고, 계란을 묻힌 후 빵가루를 묻혀 놓는다.
4. 기름에 튀겨서 2~3개씩 서브한다.

07 프렌치 프라이드 포테이토
(French Fried Potato)

재료 준비

* 50인분 기준

Potato(감자) 6kg / Shortening(쇼트닝) 0.6~1kg / Salt & Pepper(소금 · 후추) 약간씩

만드는 법

1. 감자를 씻어 껍질을 벗기고 찬물에 담가 놓는다.
2. 감자를 0.6cm×0.6cm×6cm로 잘라서 찬물에 다시 담가 놓는다.
3. 감자에 물기를 빼고 쇼트닝에 5분 정도 살짝 블렌치(Blanch)해 놓는다.
4. 냉동고에 넣어서 얼려 사용한다.
5. 얼린 것을 다시 172℃~185℃에 튀겨 낸 후 바로 소금 · 후추를 뿌린다.
6. 쇼트닝은 감자의 $1/2$ 정도 되는 기름이 소요된다.
7. 감자는 껍질을 벗기면 20~30% 정도가 껍질로 나간다.

08 보일드 포테이토
(Boiled Potatoes)

재료 준비

* 50인분 기준
Potato(감자) 50개 / Butter(버터) 100g / Salt & Pepper(소금 · 후추) 적당량

만드는 법

1. 껍질과 눈을 제거하여 계란같이 깎은 다음, 반으로 잘라서 찬물에 담가 둔다.
2. 소금을 탄 물에 뚜껑을 덮고 삶는다.
3. 물기를 없애고 버터를 바른 다음, 소금과 후추를 뿌리고 서브한다.

Tip
① Parsley Potato는 위에 버터를 흠뻑 바르고 다진 파슬리를 뿌려서 서브한다.
② Boiled Potatoes Parisienne는 감자를 구슬 모양으로 만들어 삶은 다음, 버터를 바르고 소금과 후추로 간을 맞춘 후 서브한다.

09 안나 포테이토
(Anna Potatoes)

재료 준비

* 50인분 기준
Potato(감자) 6kg / Butter(버터) 450g / Salt & Pepper(소금 · 후추) 적당량

만드는 법

1. 감자를 껍질 벗기고 잘 씻은 다음, 찬물에 담가 둔다.
2. 감자를 0.3cm 두께로 둥글게 잘라서 찬물에 담가 둔다.
3. 감자의 물기를 빼고 소금과 후추를 뿌린 후 녹인 버터와 섞는다.
4. 두터운 팬에 감자를 엇갈리게 해서 층층이 동그랗게 쌓아 올린다. 버터를 위에 다시 뿌린다.
5. 175℃~185℃ 정도의 오븐에 뚜껑을 덮어서 30~40분 정도 익힌다.
6. 색이 보기 좋게 나 있으면 그냥 꺼내는데, 색이 별로 나 있지 않으면 뚜껑을 열고 잠시 넣어 두면 색이 난다.
7. 꺼내서 서브한다.

10 버니 포테이토 (Berny Potatoes)

크로켓 반죽을 지름 2.5~3cm 정도 둥글게 만들어서 계란을 묻힌 다음 아몬드를 입혀서 기름에 튀겨 낸다.

11 윌리엄 포테이토 (Williams Potatoes)

크로켓 반죽을 조그만 서양배 모양으로 만들어 계란을 묻혀서 빵가루를 입힌 다음 기름에 튀겨 낸다.

12 베이크드 포테이토 (Baked Potatoes)

재료 준비

* 50인분 기준

Potato(감자) 50개

만드는 법

1. 감자를 잘 씻어서 물기를 제거한다.
2. 팬에 깔아서 오븐에 넣는데, 팬에 소금을 깔고 감자를 그 위에 놓아 오븐에 굽는 것이 좋다.
3. 200℃ 오븐에 40분~1시간 20분 정도 익힌다.
4. 보통 쿠킹 포일로 싸서 오븐에 굽는다.
5. 다 구운 다음 +로 잘라서 가운데에 버터와 사워 크림(Sour Cream), 다진 베이컨, 차이브(Chive), 소금, 후추 등을 넣어 먹는다.

13 그 밖의 감자 요리

(1) Potatoes Dauphinoise

감자를 얇게 잘라서 팬에 감자, 우유, 치즈를 뿌리고는 오븐에 30~40분 정도 구워 낸다. 계란을 넣기도 한다.

(2) Potatoes Savoy

감자를 얇게 잘라서 스톡이나 콩소메와 치즈를 뿌려서 오븐에 구워 낸다.

(3) Potato Pont-Neuf

2×2×5cm 정도 프렌치 프라이 2.5배 정도로 잘라서 프렌치 프라이 감자와 같은 방법으로 기름에 튀기면 된다.

(4) Potato Old Fashioned

뒤체스(Duchesse) 감자같이 반죽하여 패티(Patty)를 만들고, 밀가루를 묻혀서 버터에 튀긴다.

(5) Potatoes Hongroise

감자를 자른 후 양파를 볶아서 섞고 살짝 익힌 다음, 파프리카와 소금과 후추 및 스톡을 넣어 뚜껑을 덮고 익혀 낸 후 다진 파슬리를 뿌려 낸다. 다진 베이컨을 넣기도 한다.

제9장 샐러드

샐러드는 일반적으로 그 기본적인 재료에 따라 분류하는데, 그 내용에 따라 즉 야채, 과일, 생선, 낙농제품, 가금류, 육류 등으로 나눌 수 있다. 또 차게 내는 샐러드, 뜨겁게 내는 샐러드 등으로 구분하기도 한다. 샐러드는 특유의 이름을 가진 특별 샐러드도 많다. 샐러드는 보통 네 가지로 구성되는데, 기본 재료, 주 재료, 드레싱, 가니쉬(장식)이다.

기본은 거의 상추나 푸른 잎 채소가 되고, 주 재료는 샐러드의 대부분을 이루는 재료, 드레싱은 샐러드에 첨가하여 식욕과 향미를 증진시킨다. 낼 때에는 샐러드에 맞는 드레싱을 곁들이거나, 먹는 사람이 원하는 드레싱을 곁들인다.

Salads

가니쉬는 색깔의 조화와 맛의 조화의 한 요소이므로 먹는 사람으로 하여금 즐거움을 느끼게 하는 것으로, 현대 요리에 있어 중요한 비중을 차지하는 것 중의 하나이다.

샐러드는 정식 메뉴 코스 중의 하나이기는 하지만 지금에 와서는 오르되브르(전채)에 사용하기도 하고, 주 요리에 곁들여 내기고 하며, 메인(주 요리) 요리로도 사용한다.

이와 같은 현상은 현대인들의 식생활에는 너무 육류 섭취가 많아 비만증이 나타나는 사람들이 늘어남에 따라 건강의 유지를 위해 샐러드의 비중이 높아졌기 때문이다.

모든 샐러드에 있어서의 한 가지 공통점은 그 재료들이 신선해야 하며, 최고 상품의 품질이어야 한다는 것이다.

9-1 샐러드의 종류

(1) 단순 샐러드(Simple Salad)

신선한 채소 한 가지에 비네그레트 소스(Vinaigrette Sauce)를 섞은 것인데 프랑스 사람들은 양상치를 많이 사용하나 크레송(cresson, 물냉이), 셀러리, 토마토, 오이, 캐비지 등도 사용한다. 한 가지뿐만이 아니라 섞어 쓰기도 한다.

(2) 복합 샐러드(Compound Salad)

육류, 어패류, 그 가공품, 달걀, 과일 등 광범위한 재료를 배합하여 만든다. 그리고 마요네즈 소스를 가장 많이 사용한다.

9-2 샐러드를 만들 때의 주의사항

(1) 재료가 신선해야 한다.

(2) 색채의 조화를 고려해서 종합해야 한다.

(3) 겨울이라고 할지라도 재료나 기구를 차게 한다.

(4) 샐러드 오일은 양질이어야 하며, 식초는 천연초가 좋다(레몬즙, 사과초).

(5) 볼(bowl)을 사용하여 재료를 혼합해 물기를 빼고 샐러드 그릇에 담는다.

(6) 용기는 금속성을 피하고 사기, 글라스, 목재 등을 사용한다.

(7) 재료와 소스도 각각 조미하여 섞는다.

- **소금** : 수분이 많은 채소, 상치, 셀러리, 크레송, 캐비지, 오이, 배추, 완숙 달걀 등
- **소금과 초** : 초맛이 잘 배이지 않는 것으로 감자, 아스파라거스, 양파, 닭고기, 게, 새우 등
- **소금, 초, 기름** : 변색하기 쉬운 재료, 완두, 껍질콩, 토마토, 당근, 콜리플라워, 슈브랏쉘 등

(8) 수분이 많은 재료는 마요네즈 소스를 좀 빡빡하게 만든다.

(9) 딱딱한 재료와 연한 재료를 혼합할 때는 자르는 모양에 주의한다.

(10) 샐러드는 가급적 더운 요리와 함께 담지 않는다.

9-3 샐러드 요리(Salads)

양식조리사

01 월도프 샐러드
(Waldorf Salad)

재료 준비

Apple(사과) 200~250g / Celery(셀러리) 30g
Walnut(호두) 중 2개
Lemon(레몬) 1/4개 / Salt(소금) 정제염 2g
White Pepper(흰 후춧가루) 1g
Mayonnaise(마요네즈) 60g / Lettuce(양상추) 2잎
Toothpick(이쑤시개) 1개

요구사항

※ 주어진 재료를 사용하여 다음과 같이 월도프 샐러드를 만드시오.

① 사과, 셀러리, 호도알을 사방 1cm 정도의 크기로 써시오.
② 사과의 껍질과 호도알의 속껍질을 벗겨서 사용하시오.
③ 양상추를 깔고 놓으시오.

수검자 유의사항

① 사과의 변색에 유의한다.
② 조리작품 만드는 순서는 틀리지 않아야 한다.
③ 숙련된 기능으로 맛을 내야 하므로 조리작업 시에 음식의 맛을 보지 않는다.
④ 채점대상에서 제외되는 경우

- 불을 사용하여 만든 조리작품이 작품특성에 벗어나는 정도로 타거나 익지 않은 것
- 오작 : 요리의 형태를 다르게 만들거나 해당 과제의 지급재료 이외의 재료를 사용한 경우
- 미완성 : 문제의 요구사항대로 작품의 수량이 만들어지지 않은 경우
  요구작품 두 가지 중에 한 가지 작품만 만들었을 경우
  주어진 시간 내에 완성하지 못한 경우

만드는 법

1. 사과는 씨와 껍질을 제거하여 사방 약 1cm 정도로 잘라서 소금 또는 레몬즙을 탄 물에 담가 변색되지 않도록 한다.
2. 호두는 뜨거운 물에 불려 속껍질을 벗기고 셀러리는 겉껍질을 벗긴 후 사과와 같은 크기로 자른다.
3. 양상추 한 잎을 깔고 나머지 한 잎은 썰어서 놓고 사과, 셀러리, 마요네즈, 소금, 후추를 넣어서 버무린 후 그 위에 담는다.
4. 호두를 약 0.3cm로 잘라서 뿌린다.

양식조리사

02 포테이토 샐러드
(Potato Salad)

재료 준비

* 1인분 기준

Potato(감자) 150g / Onion(양파) 25g
Parsley(파슬리) 1줄기 / Salt(소금) 5g
White Pepper(흰 후춧가루) 1g / Mayonnaise(마요네즈) 50g

요구사항

※ 주어진 재료를 사용하여 다음과 같이 포테이토 샐러드를 만드시오.

① 감자는 1cm 정도의 정육면체로 써시오.
② 감자는 껍질을 벗긴 후 썰어서 삶으시오.
③ 양파와 파슬리는 다지시오.

수검자 유의사항

① 감자는 잘 익히고 부서지지 않도록 유의하고 양파의 매운 맛 제거에 유의한다.
② 양파와 파슬리는 뭉치지 않도록 버무린다.
③ 조리작품 만드는 순서는 틀리지 않아야 한다.
④ 숙련된 기능으로 맛을 내야 하므로 조리작업 시에 음식의 맛을 보지 않는다.
⑤ 채점대상에서 제외되는 경우

- 불을 사용하여 만든 조리작품이 작품특성에 벗어나는 정도로 타거나 익지 않은 것
- 오작 : 요리의 형태를 다르게 만들거나 해당 과제의 지급재료 이외 재료를 사용한 경우
- 미완성 : 문제의 요구사항대로 작품의 수량이 만들어지지 않은 경우
  요구작품 두 가지 중에 한 가지 작품만 만들었을 경우
  주어진 시간 내에 완성하지 못한 경우

만드는 법

1. 감자는 껍질을 벗겨서 약 사방 1cm 정도로 자른다.
2. 찬물에 소금을 넣고 뚜껑을 덮은 후에 삶는다.
3. 양파와 파슬리는 곱게 다지며, 양파는 소금물에 담갔다가 짜내고 파슬리는 물에 헹궈서 짜낸다.
4. 감자, 양파, 마요네즈, 파슬리, 소금, 후추를 넣어서 버무린다.

03 | 시저 샐러드 (Caesar Salad)

만드는 법

1. 양상추를 잘 씻어 찢어 놓는다.
2. 마늘을 다져서 생으로 쓰기도 하고 소테하여 쓰기도 한다.
3. 빵을 네모나게 잘라서 Croutons을 만들어 놓는다.
4. 계란에 겨자, 소금, 후추, 레몬주스, 마늘, 식초 등을 넣고 위퍼로 돌리면서 기름을 부은 다음에 치즈를 넣어서 드레싱을 만든다.
5. 드레싱에 양상추를 넣고 버무린다.
6. 접시에 담고 Croutons과 안초비를 가니쉬로 올린다. 베이컨을 다져서 소테하여 바삭바삭하게 만들어 사용하기도 한다.

재료 준비

* 50인분 기준

Lettuce Head(양상추) 3.5kg / Garlic(마늘) 30g
Olive Oil(올리브유) 1.2ℓ / Toast Bread(Croutons)(크루통) 1kg
Lemon Juice(레몬주스) 0.4ℓ / Egg(계란) 12개 / Parmesan Cheese(파마산 치즈) 300g / Red Wine Vinegar(식초) 50g
Mustard(겨자) 0.4ℓ / Salt & Pepper(소금 · 후추) 30g

04 | 쉐프 샐러드 (Chef's Salad)

만드는 법

1. 양상추를 잘 씻어 뜯어 놓는다.
2. 토마토는 웨지(Wedge)나 슬라이스 해서 놓는다.
3. 치즈, 칠면조, 햄, 오이, 셀러리 등은 바토네(Batonmet)로 썰어 놓는다.
4. 볼에 양상추를 놓고 바토네로 썰어 놓은 것들을 색깔의 조화를 이루도록 올려 놓는다.
5. 워터크레스(Watercress)를 장식으로 올려 놓으면 좋다.
6. 드레싱(dressing)은 원하는 대로 서브한다.

재료 준비

* 50인분 기준

Lettuce (Romaine, Endive, Chicory; 양상추) 4.5kg
Tomato (토마토) 25개 / American Cheese (치즈) 1kg
Turkey or Chicken (칠면조나 닭고기) 1kg / Ham (햄) 1kg
Cucumber (오이) 500g / Celery (셀러리) 500g / Choice of Dressing (드레싱 선택) 3.5 / Boiled Egg (삶은 계란) 1개

05 튜너 샐러드
(Tuna Salad)

재료 준비

* 50인분 기준
Tuna(참치) 3kg / Olive(올리브) 100g
Boiled Eggs(삶은 계란) 50개
Onion(양파) 1kg
Green Pimento(청 피망) 700g
Red Pimento(홍 피망) 700g
Mayonnaise(마요네즈) 1.5ℓ
Salt & Pepper(소금 · 후추) 적당량
Lettuce(양상추) 50포기
Parsley(파슬리) 50줄기

Tip tuna 대신에 Crab meat(게의 살)를 넣으면 Crab meat Salad가 된다.

만드는 법

1. 계란을 삶아서 작게 다이스한다.
2. 양파, 파란 피망, 빨간 피망은 작게 다이스한다.
3. 올리브를 작게 다이스(dice)한다.
4. 참치, 올리브, 양파, 피망을 마요네즈에 버무린다.
5. 소금과 후추로 간을 맞춘다.
6. 접시에 양상추를 깔고 그 위에 넣은 후에 파슬리로 장식한다.

06 양상추 샐러드
(Hearts of lettuce Salad)

재료 준비 * 50인분 기준

Lettuce Head(양상치) 3.5kg / Choice of Dressing(드레싱은 선택) 3ℓ

만드는 법

1. 양상추를 잘 씻어 손으로 먹기 좋을 정도로 찢어 놓는다.
2. 샐러드 접시나 볼에 큰 양상추잎 한 장을 깔고, 찢어 놓은 양상추를 보기 좋게 담는다.
3. 장식(가니쉬)으로 토마토, 오이, 셀러리, 레드 래디시(radishes) 등을 사용한다.
4. 드레싱은 원하는 대로 서브한다.

07 마카로니와 햄 샐러드
(Macaroni and Ham Salad)

재료 준비 * 50인분 기준

Macaroni(마카로니) 2kg / Ham(햄) 800g / Celery(셀러리) 500g / Pimento(피망) 200g
Onion(양파) 100g / Lettuce(양상추) 50잎 / Choice of French dressing or Mayonnaise(드레싱은 선택)

만드는 법

1. 마카로니를 삶은 다음에 식힌다.
2. 햄은 쥘리엔느(Julienne)로 자른다.
3. 피망과 셀러리는 다이스(dice)로 자른다.
4 양파는 다진다.
5. 마요네즈와 프렌치 드레싱으로 묻힌다.
6. 볼이나 접시에 양상추를 깔고 올려 놓은 다음, 다진 파슬리로 장식하면 더욱 좋다.

08 미트 샐러드
(Meat Salad)

재료 준비 * 50인분 기준

Sausage and Ham(소시지와 햄) 4.5kg / Onion(양파) 1kg / Green Pimento(청 피망) 700g
Red Pimeento(적 피망) 700g / Parsley(파슬리) 30g / Vinaigrette Dressing(비네그레트 드레싱) 1.5ℓ
Lettuce(양상추) 50잎

만드는 법

1. 소세지와 햄을 쥘리엔느(Julienne)로 자른다.
2. 양파, 피망, 치즈 등도 쥘리엔느로 자른다.
3. 비네그레트 드레싱에 버무린다.
4. 접시에 양상추를 깔고 그 위에 미트 샐러드를 얹고 다진 파슬리를 뿌린 후 양파 링을 올린다.
5. 토마토 웨지(Wedge)로 가니쉬(garnish)하면 더욱 좋다.

양식조리사

09 해산물 샐러드 (Sea-food Salad)

시험시간 : 30분

재료 준비

* 1인분 기준

Shrimp(새우) 3마리 / Adductor Muscle(관자살) 50g
Sea Mussels(피홍합) 3개 / Medium(중합) 3개 / Onion(양파)
40g / Garlic(마늘) 1쪽 / Small Green Onion(실파) 1줄기
Green Chicory(그린치커리) 2줄기 / Head Lettuce(양상추) 10g
Lolla Rossa(롤라로사) 2잎 / Green Vitamin(그린비타민) 10잎
Olive Oil(올리브오일) 10㎖ / Lemon(레몬) 1/4개 / Vinegar(식초) 10㎖
Dill(딜) 2줄기 / Bay Leaf(월계수 잎) 1잎 / Celery(셀러리) 10g
White Peppercorn(흰 통후추) 3개 / Salt(소금) 5g
White Pepper(흰 후춧가루) 5g / Carrot(당근) 15g

요구사항

※ 주어진 재료를 사용하여 다음과 같이 해산물 샐러드를 만드시오.

① 미르포아(mirepoix), 향신료, 레몬을 이용하여 쿠르부용을 만드시오.
② 준비된 쿠르부용(court bouillon)에 해산물이 질기지 않도록 익히시오.
③ 샐러드 채소는 깨끗이 손질하여 싱싱하게 하시오.
④ 레몬 비네그레트는 분리되지 않게 만드시오.

수검자 유의사항

① 조리작품 만드는 순서는 틀리지 않아야 한다.
② 숙련된 기능으로 맛을 내야 하므로 조리작업 시에 음식의 맛을 보지 않는다.
③ 채점대상에서 제외되는 경우

- 불을 사용하여 만든 조리작품이 작품특성에 벗어나는 정도로 타거나 익지 않은 것
- 오작 : 요리의 형태를 다르게 만들거나 해당 과제의 지급재료 이외의 재료를 사용한 경우
- 미완성 : 문제의 요구사항대로 작품의 수량이 만들어지지 않은 경우
  요구작품 두 가지 중에 한 가지 작품만 만들었을 경우
  주어진 시간 내에 완성하지 못한 경우

만드는 법

1. 팬에 미르포아, 월계수잎, 흰 통후추, 레몬을 넣어 쿠르부용을 만든다.
2. 끓는 쿠르부용에 해산물을 넣고 삶아서 식힌다.
3. 올리브오일에 식초, 딜, 흰 후춧가루, 다진 마늘, 양파를 넣고 드레싱을 만든다.
4. 각종 야채로 부케(bouquet)를 만들고, 3.을 식은 해산물에 넣어서 잘 섞어 준다.
5. 접시에 모양 내어 담고 남은 드레싱을 뿌린다.

9-4 샐러드 드레싱(Salad Dressing)

양식조리사

01 사우전 아일랜드 드레싱 (Thousand Island Dressing)

시험시간 : 20분

재료 준비

* 1인분 기준

Mayonnaise(마요네즈) 70g / Onion(양파) 25g
Pickle Cucumber(오이피클) 15g / Salt(소금) 2g
White pepper(흰 후춧가루) 1g / Lemon(레몬) $1/4$개
Boiled Egg(삶은 계란) 1개 / Green Pimento(청피망) 20g
Tomato Ketchup(토마토 케첩) 20g

요구사항

※ 주어진 재료를 사용하여 다음과 같이 사우전드 아일랜드 드레싱을 만드시오.

① 소스 색깔이 핑크빛이 되도록 하시오.
② 다지는 재료는 0.2cm 정도의 크기로 다지시오.

수검자 유의사항

① 다진 재료의 물기를 제거한다.
② 조리작품 만드는 순서는 틀리지 않아야 한다.
③ 숙련된 기능으로 맛을 내야 하므로 조리작업 시에 음식의 맛을 보지 않는다.
④ 채점대상에서 제외되는 경우

- 불을 사용하여 만든 조리작품이 작품특성에 벗어나는 정도로 타거나 익지 않은 것
- 오작 : 요리의 형태를 다르게 만들거나 해당 과제의 지급재료 이외의 재료를 사용한 경우
- 미완성 : 문제의 요구사항대로 작품의 수량이 만들어지지 않은 경우
  요구작품 두 가지 중에 한 가지 작품만 만들었을 경우
  주어진 시간 내에 완성하지 못한 경우

만드는 법

1. 물에 소금을 넣고 계란을 삶는다.
2. 양파, 피망, 피클, 삶은 계란 등을 약 0.3cm 정도로 다진다.
3. 다진 양파는 소금에 절여서 소창에 짜준다.
4. 믹싱볼에 다져 놓은 재료를 모두 담고 마요네즈와 레몬주스 또는 식초, 토마토 케첩, 소금, 후추를 넣고 잘 섞어서 낸다.

02 마요네즈 (Mayonnaise)

재료 준비 * 1인분 기준

Egg Tolks (계란 노른자) 4개 / Salad Oil (식용유) 0.8ℓ / Sugar (설탕) 15g / Salt (소금) 10g
Mustard (겨자) 10g / Vinegar (식초) 0.5dℓ / Lemon Juice (레몬주스) 0.3dℓ / Pepper (후추) 3g

만드는 법

1. 달걀 노른자에 소금, 설탕, 겨자를 넣고 거품기로 쳐서 올린다.
2. 기름을 조금씩 넣어 가면서 올린다.
3. 식초도 가끔 조금씩 넣어 가면서 올린다.
4. 다친 후에 레몬주스를 넣어서 완성시킨다.

03 프렌치 드레싱 (French Dressing)

재료 준비 * 1인분 기준

Salad Oil (식용유) 7.5dℓ / Vinegar (식초) 2.5dℓ / Mustard (겨자) 15g / Sugar (설탕) 5g / Salt (소금) 15g
White Pepper (흰 후추) 2g

만드는 법

1. 식초에 겨자, 설탕, 소금, 후추를 희석시킨 후에 기름과 섞는다.

04 비네그레트 드레싱 (Vinaigrette Dressing)

재료 준비 * 1인분 기준

French Dressing (Basic) (프렌치 드레싱) 1ℓ / Egg (계란) 1개 / Parsley (파슬리) 50g
Chive (차이브) 50g / Caper (케이퍼) 50g / Pickles Cucumber (피클 오이) 50g

만드는 법

1. 달걀을 삶아서 다져 놓는다.
2. 실파, 케이퍼, 파슬리, 피클 오이를 다져 놓는다.
3. 프렌치 드레싱에 위의 것을 섞으면 된다.

05 로크포르 치즈 드레싱 (Roquefort Cheese(Blue) Dressing)

재료 준비

* 1인분 기준

Mayonnaise(마요네즈) 3dℓ / Roquetfort or Blue Cheese(로크포르 또는 블루 치즈) taste 0.5dℓ
Vinegar(식초) 1dℓ / Mustard(겨자) 3g / Slat & Pepper(소금 · 후추) 약간씩 / Salad Oil(식용유) 0.5dℓ
Water(물) 1dℓ

만드는 법

1. 치즈를 부서뜨린다.
2. 식초에 겨자, 소금, 후추 등을 넣어서 희석시킨다.
3. 마요네즈에 기름을 조금씩 넣으면서 쳐서 올린다.
4. 식초와 치즈를 넣는다.
5. 물로 농도를 맞춘다.

06 이탈리안 드레싱 (Italian Dressing)

재료 준비

Red Wine Vinegar(적 포도주 식초) 1ℓ / Olive Oil(올리브유) 2ℓ / Rosemary(로즈마리) 3g
Thyme(타임) 2g / Fresh Basil(바질) 5g / Tarragon(타라곤) 3g / Coriander(코리앤더) 5g
Garlic(마늘) 5g / Ginger(생강) 2g / Oregano(오레가노) 3g / Parsley(파슬리) 4g

만드는 법

1. 마늘을 다져서 기름에 소테한다.
2. 향신료를 다져 넣고 10분 정도 조린다.
3. 적 포도주 식초를 넣어서 혼합한다.
4. 1주 정도 후에 사용하는 것이 좋다.

제10장 소스

Sauce

소스는 음식에 끼얹어 내는 것으로서 부드러운 감촉과 맛, 그리고 농밀성이 느껴지도록 하는 것이 중요하다. 좋은 소스를 만들기 위해서는 소스의 기초가 되는 스톡(Stock), 버터(Butter), 기름(Oil) 등이 좋아야 한다. 소스를 사용하는 목적은 음식의 맛을 증진시키고, 색상을 부여하며, 영양가를 증진시키는 데 있다.

소스를 만드는 데는 여러 가지 방법들이 존재하며, 맛이나 질감 및 외관에 있어서 뚜렷한 차이가 있다. 좋은 소스를 만든다는 것은 하나의 기술이며, 오랜 훈련과 실무를 쌓은 조리사만이 좋은 소스를 만들어 낼 수 있다.

소스는 여러 가지로 분류되는데, 여기서는 다음과 같이 소개하고자 한다.

10-1 소스의 분류

분 류 (Classification)	주재료 (Basic Ingredients or Stocks)	주기본 소스 (Main Basic Sauces)	모체 소스 (Small Basic Sauces)	응용 소스류 (Variations)
A 육수 소스류 (Sauces from Stocks)				
갈색 육수계 (Rond brun -Brown Stock)	송아지 갈색 스톡 (Food de Veau brun) Broun Veal Stock		갈색기본육 소스 (Fond de veau brun lie ou Sauce E spagnole)	DEMI-GLACE CHASSEUR BORDELAISE PIOUANTE MADERE ZINGARA POIVRADE MARCHANDde VIN
흰색 육수계 (Fond blanc -White Stock)	생선 스톡 (Fond ou Fumet de Poisson) Fish Stock	기본 생선 소스 (Veloute de Poisson) Basic Fist Sauce	백포도주 소스 (Sauce Vin blanc -White Wine Sauce)	CARDINAL NANTUA BRETONNE NORMANDE CREVETTES HOMARD
	닭 스톡 (Fond de Volaille) Chicken Stock	기본 닭 소스 (Veloute de Volaile) Basic Chicken Sauce	슈프림 소스 (Sauce Supreme -Supreme Sauce)	ALBUFERA TOULOUSE IVOIRE POULETTE
	송아지 흰색 스톡 (Fond de Veau blanc) White Veal Stock	기본육 소스 (Veloute de Veau) Basic real Sauce	알망드 소스 (Sauce Allemande -Allemande Sauce)	CAPRES POULETTE VILLEROI CHAMPIGNONS
토마토 소스계 (Sauce Tomate -Tomato Sauce)	농축 토마토 (Concentre de Tomates)		토마토 소스 (Sauce Tomato -Tomato Sauce)	PORTUGUESE ITALINNE PROVENCALE DIABLE
육즙 소스계 (Jus de Viand -Meat Juice)	야금 육즙 (Jus de Gibier)	야금 육즙 소스 (Jus lie de Gibier -Game Gravy)		(Glace de Gibier -Game Glaze)
	송아지 육즙 (Jus de Viande)	육즙 소스 (Jus lie de Viande -Meat Gravy)		(Glace de Viande -Meat Glaze)
우유 소스계 (Milk)	우유 (Lait-Milk)		베사멜 소스 (Sauce Bechamel)	CHANTILLY NANTUA CREME MORNAY THERMIDOR
B 유지 소스군 (Sauces from Oil)				
식용유계 (Huile Oil)	난황 (Jaune d'oeuf)		마요네즈 소스 (Mayonnaise)	TARTARE REMOULADE TYROLIENNE VERTE ANDALOUSE
	식초 (Vinaigre-Vinegar)		비네그레트 소스 (Vinaigrette)	NORVEGIENNE RAVIGOTE Sc. A LA PECHEUR
버터계 (Beurre Butter)	정제 버터 (Beurre Clarifie -Clarified Butter)		네덜란드 소스 (Hollandaise Sauce)	MALTAISE MOUSSELINE MIKADO MOUTARDE
			베어네이즈 소스 (Bearnaise Sauce)	CHORON ARLESIENNE TYROLIENNE FOYOT RACHEL Hot Tabasco Al.

C 특별 소스군 (Sauces Speciales)

- Sauces speciales froides → Cremed horceradish worcetershire
- Sauces speciales chaundes → Apple Cury Teriyaki 갈비, 불고기

D Sweet or Desert Sauces

- Creme
  - Creme fouettee → Creme chantilly → Chantily
  - Ouef Lait Creme Sucre → Creme a L' Anglaise → Chocorette sabayon vanilla
- Boisson → Boisson Alcol → Bischoff Brandy wine Rum
- Fruit → Fruit → Melba Raisin Banana Apricot stranbuny

양식조리사

01 브라운 그레이비 소스
(Brown Gravy Sauce)

재료 준비

Flour(밀가루) 30g / Brown Stock(브라운 스톡) 300㎖
Salt(소금) 2g / Black Pepper(검은후춧가루) 1g
unsalted Butter(무염버터) 30g / Onion(양파) 25g
Celery(셀러리) 30g / Carrot(당근) 40g
Tomato Paste(토마토 페이스트) 30g
Bay Leaf(월계수 잎) 1잎 / Clove(정향) 1개

요구사항

※ 주어진 재료를 사용하여 다음과 같이 브라운 그레이비 소스를 만드시오.

① 브라운 루(Brown Roux)를 만들어 사용하시오.
② 완성된 작품의 양은 200㎖ 정도를 만드시오.

수검자 유의사항

① 브라운 루(Brown Roux)가 타지 않도록 한다.
② 소스의 농도에 유의한다.
③ 조리작품 만드는 순서는 틀리지 않아야 한다.
④ 숙련된 기능으로 맛을 내야 하므로 조리작업 시에 음식의 맛을 보지 않는다.
⑤ 채점대상에서 제외되는 경우

- 불을 사용하여 만든 조리작품이 작품특성에 벗어나는 정도로 타거나 익지 않은 것
- 오작 : 요리의 형태를 다르게 만들거나 해당 과제의 지급재료 이외의 재료를 사용한 경우
- 미완성 : 문제의 요구사항대로 작품의 수량이 만들어지지 않은 경우
  요구작품 두 가지 중에 한 가지 작품만 만들었을 경우
  주어진 시간 내에 완성하지 못한 경우

만드는 법

1. 1/3의 버터를 소스팬에 넣고 야채들은 0.5×0.5×3cm 정도로 잘라서 갈색이 나도록 볶는다.
2. 나머지 2/3 버터를 넣고 밀가루를 넣어 갈색이 나도록 잘 볶는다.
3. 볶은 갈색 루(Roux)에 브라운 스톡을 조금씩 첨가하여 농도를 맞춘 다음에 20~30분 정도 끓인 후 체에 거른다.
4. 소금과 후추로 간을 맞춘다.

양식조리사

02 홀렌다이즈 소스 (Hollandaise Sauce)

재료 준비

Egg(달걀) 1개 / unsalted Butter(무염버터) 100g
Lemon(레몬) 1/4개 / Black Pepper Corn(검은 통후추) 3개
Vinegar(식초) 10㎖ / Onion(양파) 20g / Salt(소금) 2g
Bay Leaf(월계수 잎) 1잎 / Parsley(파슬리) 1줄기
White Pepper(흰 후춧가루) 1g

요구사항

※ 주어진 재료를 사용하여 다음과 같이 홀렌다이즈 소스를 만드시오.

① 소스가 굳지 않게 그릇에 담아 내시오.

수검자 유의사항

① 소스의 농도에 유의한다.

② 조리작품 만드는 순서는 틀리지 않아야 한다.

③ 숙련된 기능으로 맛을 내야 하므로 조리작업 시에 음식의 맛을 보지 않는다.

④ 채점대상에서 제외되는 경우

- 불을 사용하여 만든 조리작품이 작품특성에 벗어나는 정도로 타거나 익지 않은 것
- 오작 : 요리의 형태를 다르게 만들거나 해당 과제의 지급재료 이외의 재료를 사용한 경우
- 미완성 : 문제의 요구사항대로 작품의 수량이 만들어지지 않은 경우
  요구작품 두 가지 중에 한 가지 작품만 만들었을 경우
  주어진 시간 내에 완성하지 못한 경우

만드는 법

1. 계란 노른자를 분리하여 놓는다.
2. 식초, 양파 다진 것, 타라곤(Tarragon), 통후추 으깬 것에 물을 넣고 끓인 다음, 반스푼이 되게 졸여 거른다.
3. 버터는 녹여 놓는다.
4. 이중탕 믹싱볼에 노른자와 졸여 놓은 물을 넣고 70℃ 정도로 되게 하여 휘저으며 녹인 버터를 조금씩 넣어 만든다.
5. 다 된 후에 소금과 레몬즙을 넣어 간을 맞춘 후 낸다.

양식조리사

03 이탈리안 미트 소스
(Italian Meat Sauce)

재료 준비

* 1인분 기준

Ground Beef(쇠고기 방심) 60g / Onion(양파) 75g
Garlic(마늘) 1쪽 / Can Tomato(캔 토마토) 30g
unsalted Butter(무염버터) 10g
Tomato Paste(토마토 페이스트) 30g
Bay Leaf(월계수 잎) 1잎
Parsley(파슬리) 1줄기 / Salt(소금) 2g
Black Pepper(검은 후춧가루) 2g / Celery(셀러리) 30g

요구사항

※ 주어진 재료를 사용하여 다음과 같이 이탈리안 미트 소스를 만드시오.

① 모든 재료는 다져서 사용하시오.
② 소스의 농도와 색을 맞추시오.
③ 그릇에 담고 파슬리 다진 것을 뿌려 내시오.

수검자 유의사항

① 소스의 농도에 유의한다.
② 조리작품 만드는 순서는 틀리지 않아야 한다.
③ 숙련된 기능으로 맛을 내야 하므로 조리작업 시에 음식의 맛을 보지 않는다.
④ 채점대상에서 제외되는 경우

- 불을 사용하여 만든 조리작품이 작품특성에 벗어나는 정도로 타거나 익지 않은 것
- 오작 : 요리의 형태를 다르게 만들거나 해당과제의 지급재료 이외의 재료를 사용한 경우
- 미완성 : 문제의 요구사항대로 작품의 수량이 만들어지지 않은 경우
  요구작품 두 가지 중에 한 가지 작품만 만들었을 경우
  주어진 시간 내에 완성하지 못한 경우

만드는 법

1. 양파와 셀러리 및 마늘은 곱게 다진다.
2. 파슬리는 다져서 소창에 싼 다음, 물에 담갔다가 꼭 짜낸다.
3. 소스팬에 버터를 두르고 양파를 먼저 볶다가 셀러리와 마늘을 넣고 볶은 후 고기를 볶는다.
4. 3.에 토마토 페이스트를 넣고 볶은 다음, 육수를 붓고 캔 토마토와 월계수 잎, 과실, 오레가노(Oregano) 등 향신료를 넣고 끓인다.
5. 소스가 걸쭉해지면 소금과 후추로 간을 하고 파슬리를 뿌려 낸다.

양식조리사

04 타르타르 소스
(Tartar Sauce)

시험시간 : 20분

재료 준비

Mayonnaise(마요네즈) 70g
Pickle Cucumber(오이피클) 15g
Onion(양파) 15g / Parsley(파슬리) 1줄기
Boiled Egg(삶은 계란) 1개 / Salt(소금) 2g
White Pepper(흰 후춧가루) 2g / Lemon(레몬) 1/4개
Vinegar(식초) 2㎖

요구사항 ※ 주어진 재료를 사용하여 다음과 같이 타르타르 소스를 만드시오.

① 모든 재료를 0.2cm 정도의 크기로 다지시오.
② 소스의 농도를 잘 맞추시오.

수검자 유의사항

① 소스의 농도가 너무 묽거나 되지 않아야 한다.
② 채소의 물기 제거에 유의한다.
③ 조리작품 만드는 순서는 틀리지 않아야 한다.
④ 숙련된 기능으로 맛을 내야 하므로 조리작업 시에 음식의 맛을 보지 않는다.
⑤ 채점대상에서 제외되는 경우

- 불을 사용하여 만든 조리작품이 작품특성에 벗어나는 정도로 타거나 익지 않은 것
- 오작 : 요리의 형태를 다르게 만들거나 해당 과제의 지급재료 이외의 재료를 사용한 경우
- 미완성 : 문제의 요구사항대로 작품의 수량이 만들어지지 않은 경우
  요구작품 두 가지 중에 한 가지 작품만 만들었을 경우
  주어진 시간 내에 완성하지 못한 경우

만드는 법

1. 계란은 소금을 넣고 삶는다.
2. 피클, 양파, 파슬리, 삶은 계란은 다진다.
3. 다진 양파는 소금물에 넣었다가 꼭 짜놓는다.
4. 믹싱볼에 다진 재료들과 마요네즈를 넣어 섞은 후 소금, 후추, 레몬 주스나 식초를 넣어 간을 맞추어 낸다.

05 | 데미 글라스 (Demi Glace)

재료 준비

Veal Bone(송아지 뼈) 3~5kg / Butter(버터) 100g / Carrot(당근) 100g / Onion(양파) 50g
Celery(셀러리) 1줄기 / Bay leaf(월계수잎) 1/4g / Thyme(타임) 1sprig / Tomato Paste(토마토 페이스트) 200g
Flour(밀가루) 100g / Beef Stock(쇠고기 스톡) 5ℓ / White Wine(백 포도주) 5dℓ / Salt(소금) 10g

만드는 법

1. 버터에 뼈를 갈색이 나도록 볶는다.
2. 미르포아(mirepoix)를 넣어 계속 갈색이 나도록 볶는다.
3. 밀가루를 넣고 다시 갈색이 나게 볶는다.
4. 토마토 페이스트를 넣고 다시 볶는다.
5. 스톡(stock)을 첨가하여 반 정도로 조린다.
6. 체에 걸러 내어 사용한다.

양식조리사

06 토마토 소스

(Tomato Sauce)

시험시간 : 30분

재료 준비

Bacon(베이컨) $^1/_2$조각 / Unsalted Butter(무염버터) 20g

Onion(양파) 25g / Celery(셀러리) 30g

Carrot(당근) 40g / Garlic(마늘) 1쪽

Flour(밀가루) 10g / Fresh Tomato(토마토) 150g

Bay Leaf(월계수 잎) 1잎

White Peppercorn(흰 통후추) 3개

Clove(정향) 1개 / Salt(소금) 2g

Chicken stock(치킨 스톡) 320㎖

Tomato Paste(토마토 페이스트) 20g

Black Pepper(검은 후춧가루) 1g

요구사항 ※ 주어진 재료를 사용하여 다음과 같이 토마토 소스를 만드시오.

① 모든 재료를 다져서 사용하시오.
② 브론드 루(bronde roux)를 만들어서 소스를 완성하시오.
③ 완성된 소스의 양이 200㎖ 정도 되게 하시오.

수검자 유의사항

① 소스의 농도와 색깔에 유의한다.
② 조리작품 만드는 순서는 틀리지 않아야 한다.
③ 숙련된 기능으로 맛을 내야 하므로 조리작업 시에 음식의 맛을 보지 않는다.
④ 채점대상에서 제외되는 경우
- 불을 사용하여 만든 조리작품이 작품특성에 벗어나는 정도로 타거나 익지 않은 것
- 오작 : 요리의 형태를 다르게 만들거나 해당 과제의 지급재료 이외의 재료를 사용한 경우
- 미완성 : 문제의 요구사항대로 작품의 수량이 만들어지지 않은 경우
  요구작품 두 가지 중에 한 가지 작품만 만들었을 경우
  주어진 시간 내에 완성하지 못한 경우

만드는 법

1. 팬에 베이컨을 볶는다.
2. 그 속에 미르포아(mirepoix)를 넣어 볶는다.
3. 버터를 더 첨가해 밀가루를 넣어 볶는다.
4. 토마토 퓌레(Tomato puree)나 페이스트를 넣고 볶는다.
5. 스톡을 넣고 나머지 향신료를 넣어 1~2시간 동안 끓인다.
6. 체에 걸러 간을 맞춘다.

07 베사멜 소스 (Bechamel Sauce)

재료 준비

Butter(버터) 300g / Flour(밀가루) 300g / Milk(우유) 5~6ℓ / Bay Leaf(월계수 잎) 1잎
Onion(양파) 1개 / Clove(정향) 3개 / Salt(소금) 5g

만드는 법

1. 버터를 녹여 밀가루 첨가하면서 루(Roux)를 만든다.
2. 우유를 데워서 잘 푼다.
3. 월계수 잎과 통 양파에 정향을 끼워 넣는다.
4. 30~40분 동안 끓인다.
5. 간을 맞추어 체나 소창천에 거른 다음에 간을 맞춘다.

08 벨로테 소스
(Veloute Sauce)

재료 준비

Butter(버터) 60g / Flour(밀가루) 60g / Stock(스톡) 1ℓ / Onion(양파) 1개 / Bay Leaf(월계수 잎) 1잎
Clove(정향) 2개 / Thyme(타임) 1줄기 / Salt & Pepper(소금 · 후추) 약간씩

만드는 법

1. 버터를 녹이고 밀가루를 넣으면서 볶는다(Roux).
2. 스톡을 끓여서 붓고 잘 휘젓는다.
3. 통양파에 정향을 끼워 넣고 나머지도 넣어서 끓인다.
4. 소창이나 체에 걸러서 사용한다.

Tip Chicken Stock을 사용하면 Chicken Veloute, Veal Stock을 사용하면 Veal Veloute, Fish Stock을 사용하면 Fish Veloute가 된다. 어떤 스톡이든지 스톡 이름을 붙이면 된다.

09 칵테일 소스
(Cocktail Sauce)

재료 준비

Tomato Catsup(토마토 케첩) 0.9ℓ / Horseradish(겨자무) 100g / Lemon Juice(레몬주스) 0.6dℓ
Worcestershire Sauce(우스터 소스) 5cc / Hot Sauce(핫 소스) 0.1dℓ
Salt & Pepper(소금 · 후추) 약간씩

만드는 법

1. 토마토 케첩에 나머지를 잘 넣고 섞는다.
2. Brandy를 섞으면 Brandy Cocktail Sauce가 된다.

Tip 위의 소스에 마요네즈를 좀 섞으면 색깔이 좋고 부드럽다.

10 바비큐 소스
(Barbecued Sauce)

재료 준비

Onion, chopped(양파) 150g / Chopped Garlic(마늘) 10g / Oil(식용유) 20cc / Stock(스톡) 800cc
Tomato Paste(토마토 페이스트) 100g / Vinegar(식초) 30cc / Brown Sugar(황설탕) 50g
Chilli powder(고춧가루) 5g / Worcestershire(우스터 소스) 20cc / Mustard(겨자) 5g
Salt & Pepper(소금 · 후추) 적당량 / Lemon Juice(레몬주스) 30cc / Tomato Ketchup(토마토 케첩) 600g

만드는 법

1. 기름에 양파와 마늘을 갈색 나게 볶은 후 토마토 페이스트를 넣고 볶는다.
2. 스톡을 넣고 끓인다.
3. 설탕, 겨자, 후춧가루를 넣는다.
4. 토마토 케첩, 식초, 레몬주스를 넣는다.
5. 우스터 소스나 고춧가루 등을 넣어 30~40분 동안 끓인다.
6. 소금으로 간을 맞춘다.

11 베어네이즈 소스
(Bearnaise Sauce)

재료 준비

Hollandaise Sauce 1ℓ / Tarragon 5g or Tarragon Vinegar(타라곤 또는 타라곤 식초) 5cc
tasteParsley(파슬리) 5g / Chervil(처빌) 2g / Salt & Pepper(소금 · 후추) 약간씩

만드는 법

1. 홀렌다이즈 소스에 다진 타라곤을 넣거나 타라곤 식초를 넣는다.
2. 파슬리와 처빌을 다져서 섞는다.
3. 소금과 후추로 간을 맞춘다.

Tip 백 포도주를 조금 넣으면 더욱 좋다.

12 초롱 소스 (Choron Sauce)

재료 준비

Bearnaise Sauce(베어네이즈 소스) 0.1ℓ / Tomato puree(토마토 퓌레) 0.2ℓ

만드는 법

1. 베어네이즈 소스에 토마토 퓌레(puree)를 섞는다.

Tip 초롱 소스를 만들 때는 타라곤과 처빌을 조금씩 첨가한다.

제11장 샌드위치

Sandwich

샌드위치는 프랑스의 샌드위치 백작 4세인 존 몽타구(John Montagu, the 4es Earl of Sandwich)의 이름을 따서 붙여진 것인데 그는 18세기 사람으로 도박을 무척이나 즐겼던 사람이었다. 한 번 도박을 시작하면 24시간 동안 테이블을 떠나지 않았다고 한다.

그래서 도박 게임을 계속할 수 있도록 조처해야 했는데, 먹으면서도 도박할 수 있도록 그의 하인이 빵조각 사이에 고기나 야채를 끼워서 테이블에 가져다 준 데서부터 시작했다고 하여, 그의 이름을 붙였다고 한다.

이러한 단순한 시작으로부터 샌드위치는 여러 상황 가운데 급속히 발전했으며, 다양한 모양으로 계속 발전되었다.

11-1 샌드위치의 재료

(1) 샌드위치 빵

샌드위치 빵을 2~3장 포개어 만드는 경우는 구운 후 12~14시간 정도 경과된 것을 사용해야 하고, 둥글게 말고자 할 경우에는 구워서 6시간 정도 지난 것이 좋다.

빵의 두께는 보통 6mm가 표준이고 오픈 샌드위치는 1~2cm가 좋다.

보통 빵에는 치즈, 계란, 생선, 육류, 가금류, 그리고 야채를 끼워서 먹는다.

빵의 종류도 흰빵, 보리빵, 호밀빵, 프렌치빵, 건포도빵, 롤빵, 비스킷으로 구분된다. 샌드위치를 만들 때 필요한 크림이나 버터 및 마가린 등을 부드럽게 해서 빵에 바르며, 이때 주의할 것은 녹은 상태에서 발라서는 안 된다는 점이다.

그리고 빵에 내용물을 넣을 때 빵의 구석 모서리까지 고르게 펴서 채워 넣고 위를 다시 빵으로 덮은 후 가장자리를 보기 좋게 썰어서 모양을 낸다.

(2) 샌드위치 버터

빵 한 면에 버터를 고루 칠하여 내용물의 물기가 빵에 스며들지 않도록 버터 막을 만든다. 버터나 마가린은 크림 상태로 만들어서 사용한다. 샌드위치의 풍미를 더하기 위해 버터 맛에 변화를 준다.

① 겨자 버터(Mustard Butter)

재료명	단위	기준량	조 리 법
머스터드 버　　터	ts Ts	1 2	버터를 크림 상태로 부드럽게 만든 후, 머스터드를 혼합한 것이다. 육류에 많이 사용한다.

② 안초비 버터(Anchovy Butter)

재료명	단위	기준량	조 리 법
안초비 버　터	필렛 Ts	3 2	안초비를 잘 갈아서 버터를 부드럽게 한 후, 섞어서 혼합한다. 체에 걸러서 사용하면 더욱 좋다.

③ 레몬버터(Lemon Butter)

재료명	단위	기준량	조 리 법
레몬즙 버 터	Ts C	2 1/2	버터를 크림 상태로 만든 후, 레몬즙을 넣고 잘 섞는다. 주로 생선에 넣을 때 많이 사용한다.

④ 파슬리 버터(Parsley Butter)

재료명	단위	기준량	조 리 법
파슬리 버 터	줄기 Ts	1 2	파슬리는 곱게 다진 후 행주에 싸서 물에 헹구어 짠 것을 버터에 잘 버무린다.

⑤ 홀스래디시 버터(Horseradish Butter)

재료명	단위	기준량	조 리 법
홀스래디시 버 터	ts Ts	1 2	부드럽게 만든 버터에 겨자무를 강판에 갈아 섞는다.

⑥ 그린 버터(Green Butter)

재료명	단위	기준량	조 리 법
고추냉이 버 터	ts Ts	1 2	부드럽게 한 버터에 고추냉이 가루를 잘 섞는다.

(3) 샌드위치에 곁들임

포테이토 칩(Potato Chips)
스트로 포테이토(Straw Potato)
와플 포테이토(Waffle Potato)
피클(Pickle)
래디시(Radish)
크레송(Cresson)
파슬리(Parsley)

11-2 샌드위치 써는 법과 놓는 법(Cut Sandwich Spread)

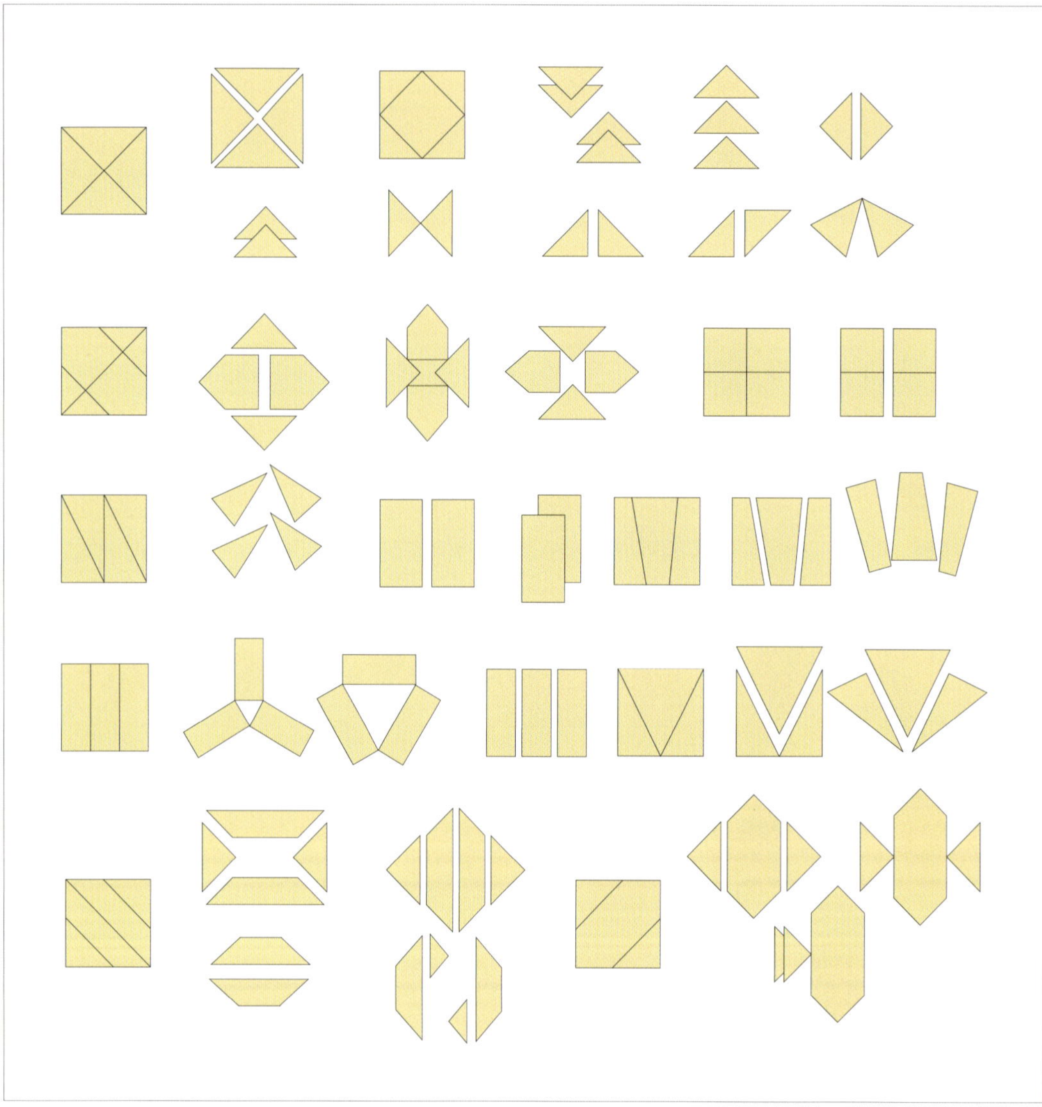

양식조리사

01 비.엘.티 샌드위치 (Bacon, Lettuce, Tomato Sandwich)

재료 준비

* 1인분 기준

Toast Bread(식빵) 3조각 / Lettuce Head(양상추) 2잎
Tomato(토마토) 75g / Bacon(베이컨) 3조각
Unsalted Butter(무염버터) 50g / Salt(소금) 3g
Black Pepper(검은 후춧가루) 1g

요구사항

※ 주어진 재료를 사용하여 다음과 같이 베이컨, 레터스, 토마토 샌드위치를 만드시오.

① 빵은 구워서 사용하시오.
② 토마토는 0.5cm 정도의 두께로 썰고, 베이컨은 구워서 사용하시오.
③ 완성품은 모양 있게 썰어 전량을 내시오.

수검자 유의사항

① 베이컨의 굽는 정도와 기름 제거에 유의한다.
② 샌드위치의 모양이 나빠지지 않도록 썰 때 유의한다.
③ 조리작품 만드는 순서는 틀리지 않아야 한다.
④ 숙련된 기능으로 맛을 내야 하므로 조리작업 시에 음식의 맛을 보지 않는다.
⑤ 채점대상에서 제외되는 경우

- 불을 사용하여 만든 조리작품이 작품특성에 벗어나는 정도로 타거나 익지 않은 것
- 오작 : 요리의 형태를 다르게 만들거나 해당 과제의 지급재료 이외의 재료를 사용한 경우
- 미완성 : 문제의 요구사항대로 작품의 수량이 만들어지지 않은 경우
  요구작품 두 가지 중에 한 가지 작품만 만들었을 경우
  주어지 시간 내에 완성하지 못한 경우

만드는 법

1. 식빵을 토스트한다.
2. 베이컨을 구워서 기름을 제거한다.
3. 토마토를 0.5cm 두께로 잘라 놓는다.
4. 양상추를 씻은 후 물기를 완전히 제거한다.
5. 식빵에 버터 또는 마요네즈를 바른 다음, 양상추 한 잎을 놓고 베이컨을 얹는다.
6. 그 위에 식빵 하나를 덮은 다음, 양상추 한 잎을 다시 놓은 후 토마토를 놓고 소금과 후추를 뿌린 다음에 다른 식빵 하나를 덮는다.
7. 3~4쪽으로 잘라서 낸다.

02 | 클럽 샌드위치
(Club Sandwich)

재료 준비

* 1인분 기준

Sliced Toast Bread(식빵) 3조각 / Boiled Egg(삶은 계란) 1개
Turkey Meat(칠면조나 닭고기) 60g / Bacon(베이컨) 50g
Tomato(토마토) $^1/_3$개 / Butter(버터) 15g / Lettuce(상치) 20g
Cucumber Pickle(오이 피클) 15g / Potato Chips or French Fried Potato(포테이토 칩이나 프렌치 프라이드 포테이토) 40g
Parsley(파슬리) 1줄기 / Salt, Pepper(소금 · 후추) 50g

만드는 법

1. 식빵에 버터를 바른 후, 양상추를 깔고 한 칸에는 삶은 계란과 베이컨, 다른 한 칸에는 칠면조 고기와 토마토를 넣어서 3단이 되게 만든다. 이 때 칠면조 고기에는 소금과 후추를 뿌려 준다.
2. 대각선으로 자르거나 비스듬히 모양 있게 잘라서 접시 위에 놓는다.
3. 장식으로는 오이 피클과 토마토, 파슬리, 감자 튀김이나 감자 칩을 놓는다.

03 참치 샌드위치 (Tuna Sandwich)

재료 준비

* 1인분 기준

Mini French Bread(미니 프렌치 빵) 2조각 / Tuna(참치) 80kg / Chopped Onion(양파) 20g
Chopped Celery(셀러리) 15kg / Chopped Green Pimento(청피망) 15g
Chopped Red Pimento(홍피망) 15g / Tomato(토마토) 1/3개 / Pickle Cucumber(오이 피클) 15g
Mayonnaise(마요네즈) 20㎖ / Butter(버터) 10g / Salt, Pepper(소금 · 후추) 2g / Parsley(파슬리) 1줄기
French Fried Potato(프렌치 프라이드 포테이토) 40g

만드는 법

1. Mini French Bread를 반으로 자른 것에 버터를 발라서 굽는다.
2. 참치, 채소, 마요네즈를 넣고 잘 혼합한다.
3. 먼저 양상추를 깔고, 밑의 빵 위에 참치 혼합한 것을 바른 다음, 반쪽 빵으로 비스듬히 덮는다.
4. 접시 위에 놓고 French Fried Potato를 위쪽에 놓은 다음, 오이 피클과 토마토 및 파슬리로 장식한다.

04 햄버거 샌드위치 (Hamburger Sandwich)

재료 준비

Beef Round Steak(쇠고기 방심) 100g / Onion(양파) 150g
Celery(셀러리) 30g / Salt(소금) 3g / Black Pepper(검은 후춧가루) 1g
Lettuce head(양상추) 20g / Tomato(토마토) 75g
Unsalted Butter(무염버터) 15g / Hamburger Bun(햄버거 빵) 1개
Salad Oil(식용유) 20㎖ / Egg(계란) 1개

요구사항

※ 주어진 재료를 사용하여 다음과 같이 햄버거 샌드위치를 만드시오.

① 구워진 고기의 두께는 1cm 정도로 하시오.

② 토마토와 양파는 0.5cm 정도의 두께로 썰고 양상추는 빵 크기에 맞추시오.

③ 빵 사이에 위의 재료를 넣어서 반 잘라 내시오.

수검자 유의사항

① 구워진 고기가 단단해지거나 부서지지 않도록 한다.
② 빵에 수분이 흡수되지 않도록 유의한다.
③ 조리작품 만드는 순서는 틀리지 않아야 한다.
④ 숙련된 기능으로 맛을 내야 하므로 조리작업 시에 음식의 맛을 보지 않는다.
⑤ 채점대상에서 제외되는 경우

- 불을 사용하여 만든 조리작품이 작품특성에 벗어나는 정도로 타거나 익지 않은 것
- 오작 : 요리의 형태를 다르게 만들거나 해당 과제의 지급재료 이외의 재료를 사용한 경우
- 미완성 : 문제의 요구사항대로 작품의 수량이 만들어지지 않은 경우
  요구작품 두 가지 중에 한 가지 작품만 만들었을 경우
  주어지 시간 내에 완성하지 못한 경우

만드는 법

1. 쇠고기를 다지고 양파와 셀러리는 다져서 볶아 놓는다.
2. 쇠고기에 양파, 셀러리, 달걀, 빵가루, 소금, 후추를 넣어서 끈기 있게 치대어 놓는다.
3. 반죽을 1.5cm 정도 두께로 둥글게 빚어서 프라이팬에 갈색이 나도록 구워 놓는다.
4. 빵은 반 갈라서 살짝 구운 뒤 버터를 발라 놓는다.
5. 양상추는 빵 크기에 맞춰 잘라 놓고, 토마토와 양파는 0.5cm 두께로 둥글게 썰어 놓는다.
6. 빵 위에 양상추, 구운 고기, 토마토, 양파 순으로 얹고 뚜껑을 덮는다.
7. 반으로 잘라서 낸다.

05 그릴드 햄과 치즈 샌드위치 (Grilled Ham & Cheese Sandwich)

재료 준비 * 1인분 기준

Sliced Toast Bread(식빵) 3pc / Ham(햄) 60g / Cheese(치즈) 60g / Butter(버터) 15g
Salt, Pepper(소금 · 후추) 2g / Tomato(토마토) $^1/_4$개 / Lettuce(양상추) 15g
Cucumber Pickle(오이 피클) 15g / French Fried Potato(프렌치 프라이드 포테이토) 50g
Parsley(파슬리) 1spring

만드는 법

1. 햄과 치즈를 Grilled해서 Toast Bread에 올린다.
2. 3단으로 만들어 모양 있게 자른다.
3. 위쪽에 양상추를 깔고 토마토, 오이 피클을 놓고 파슬리로 가니쉬한다.
4. French Fried Potato를 옆에 놓는다.

제12장 파스타와 밥

Pasta & Rice

12-1 파스타(Pasta-Pates)

(1) 제조

파스타는 밀가루와 물로 만든다. 보통 곱게 잘 갈린 상태의 단단한 밀 세모리나(Semolina)는 공업제품에 사용된다. 이 단단한 밀의 높은 글루텐(gluten) 함량이 모양과 조직 형성을 도우며, 굽는 동안 파스타를 형성해 준다. 정부 기준에 따르면 계란국수(egg noodle)는 5.3%의 계란을 함유해야 제품이 될 수 있다. 파스타는 부드러울 때 바라는 모양으로 압축하여 만들고, 수분이 완전히 증발하도록 건조시킨다.

(2) 영양가 함량

파스타는 매우 높은 탄수화물 함량을 갖고 있으며, 다른 재료들(치즈, 육류, 야채, 소스)과 같이 혼합하면 영양가를 더 높일 수 있다.

① 저장

밝고, 건조하고, 통풍이 잘 되는 곳에 저장해야 한다. 습기가 많으면 곰팡이가 피기 때문에 올바르게 저장하여 밀가루 바구미 같은 벌레 문제를 방지해야 한다.

② 요리

파스타(pasta) 1파운드당 물 2갤런(gallon)을 넣고 끓여서 많은 양을 익힌다. 파스타가 서서히 완전히 물에 잠겨야 끓는 온도를 유지할 수 있다. 모든 파스타는 '이에서'(to the teeth)라는 의미인 'al dente' 식으로 요리한다. 면을 맛 보았을 때 이로 끊어서 단단한 심이 씹힐 정도로 익히는 것을 의미한다.

이 al dente 단계에 이르면, 파스타를 찬물에 씻어서 물기를 뺀다. 서빙하기 전에는 뜨거운 물에 담가 두어야 한다.

조리법에 따라서 파스타는 버터, 소스, 향료와 섞는다. 요리 시간은 종류에 따라 5~15분으로 다양하다.

③ 용도

파스타는 전채로 나가거나 고기 요리와 함께 혹은 메인 코스에도 사용된다.

01 계란 국수
(Egg Noodles)

재료 준비

* 50인분 기준

Ⅰ : Flour(밀가루) 2.5kg / Salad Oil(식용유) 2.5dℓ / Egg(계란) 25개 / Salt(소금) 30g / Water(물) 2.5dℓ

Ⅱ : Flour(밀가루) 2.5kg / Salad Oil(식용유) 2.5dℓ / Egg(계란) 25개 / Milk(우유) 5dℓ / Salt(소금) 30g

만드는 법

1. 밀가루에 홈을 파서 계란, 소금, 물(우유), 기름을 넣어서 반죽한다.
2. 반죽을 축축한 타월로 싸서 냉장고에 2시간 정도 숙성시킨다.
3. 밀대로 밀어서 길이로 접어 둥글게 말아서 칼국수처럼 자른다.
4. 바로 물에 삶아 사용하기도 하고 건조시켜서 사용하기도 한다.

02 스패츨
(Spaetzle)

재료 준비

* 50인분 기준

Flour(밀가루) 2.5kg / Egg(계란) 20개 / Milk and Water(우유와 물) 1.5~2ℓ / Nutmeg(넛멕) 5g
Salt(소금) 50g

만드는 법

1. 밀가루와 넛멕을 체에 쳐서 볼에 담아 놓는다.
2. 우유와 물을 따뜻하게 데워서 계란과 소금을 섞어 놓는다.
3. 밀가루에 조금씩 넣으면서 잘 섞는다.
4. 섞인 반죽을 기포가 형성될 때까지 쳐올린다.
5. 물에 소금과 오일을 조금 넣고 끓인다.
6. 그 위에서 스패츨 체에 걸러서 펄펄 끓는 물에 넣고 물 위에 떠오르면 건져낸다.
7. 버터에 살짝 소테하여 서브하거나 크림과 치즈를 넣어 그라탱(Gratinationg)하여 서브한다.

Tip 중요한 것은 반죽을 잘 쳐올리는 것이다.

12-2 밥(Rice)

01 리조토 (Rissoto)

재료 준비

* 50인분 기준

Rice(쌀) 4kg / Onion(양파) 1kg / Butter(버터) 750g / Stock(스톡) 11~12ℓ

Parmesan Cheese(파머산 치즈) 750g

만드는 법

1. 양파를 곱게 다져서 버터에 소테한다.
2. 쌀을 넣어 버터로 혼합한다.
3. 간이 된 스톡을 끓여 붓고 뚜껑을 덮은 후 오븐에 15~30분 가량 쌀을 익힌다.
4. 불에서 내려 잘 저어 준다. 스톡이 필요하면 좀 더 붓는다.
5. 나머지 버터와 치즈를 첨가하여 불에 올려서 살짝 가열한 후 섞어서 서브한다.

Tip

① Milanese Style Risotto : 사프란(Saffron)을 첨가한 스톡으로 지은 밥
② Mushroom Risotto : 양송이를 작게 다이스해서 소테하여 넣어 지은 밥
③ Tomato Risotto : 토마토 콩카세(Concasser)와 토마토 퓌레(Puree)를 넣은 스톡으로 지은 밥
④ Chipolata Sausage Risotto : 리조토 가장자리에 키폴라타 소시지를 둘러 담고 양송이로 장식하는 밥

02 오리엔탈 라이스
(Oriental Rice)

재료 준비

* 15인분 기준

Rice(쌀) 800g / Salad Oil(식용유) 20㎖ / Butter(양파) 20㎖
Onion(양파) 30g / Carrot(당근) 30g / Celery(셀러리) 30g
Green Peas(완두콩) 20g / Green Pimento(청피망) 20g
Red Pimento(홍피망) 20g / Egg(계란) 2개
Raisin(건포도) 30g / Salt, Pepper(소금 · 후추) 3~5g

만드는 법

1. 야채를 버터와 식용유에 볶는다.
2. 밥을 넣고 간을 한다.

03 나시 고렝
(Nasi Goreng)

재료 준비

* 15인분 기준

Rice(쌀) 800g / Slice Red Chilli(홍 고추) 30g / Sliced Green Pimento(청 피망) 40g
Sliced Chinese Cabbage(배추) 30g / Peanut Sauce(땅콩 소스) 40g / Chill Powder(고춧가루) 10g
Shrimp(새우) 30g / Pork(돼지고기) 30g / Salt, Pepper(소금 · 후추) 3~5g / Salad Oil(양파) 30㎖
Chinese Parsley(중국 파슬리) 5g / Garlic(마늘) 5g

만드는 법

1. 밥을 뺀 나머지 재료를 식용유에 볶는다.
2. 밥을 넣고 잘 섞어 가며 볶는다.
3. 소금 · 후추로 간을 맞춘다.

04 필라프 라이스
(Pilaff Rice)

재료 준비

* 50인분 기준

Rice(쌀) 3.5kg / Stock(스톡) 5ℓ / Salad Oil(식용유) 500g / Onion(양파) 800g / Thyme(타임) 25g
Pepper(후추) 15g / Parsley(파슬리) 250g

만드는 법

1. 곱게 다진 양파를 기름에 소테한다.
2. 쌀을 넣고 다시 소테한다.
3. 간이 된 스톡을 붓고 스파이스를 넣고 가열한다.
4. 오븐에서 꺼낸 후 버터를 넣어 잘 섞어 낸다.

TIP 사프란(Saffron)을 첨가한 스톡에 위의 방법으로 밥을 짓고 토마토 콩카세(Concasser)와 완두콩을 첨가하여 낸다.

12-3 피 자(Rice)

01 피자 도우 (Pizza Dough)

재료 준비

Flour(hard)(강력분) 1kg / Sugar(설탕) 20g / Salt(소금) 20g / Yeast(이스트) 40g / Butter(버터) 50g
Salad Oil(식용유) 150cc / Milk(우유) 200cc / Water(물) 400cc

만드는 법

1. 밀가루를 제외한 나머지를 잘 혼합한다.
2. 밀가루를 넣어 반죽하는 데 너무 긴 시간 반죽하지 말고 잘 혼합될 정도만 한다.
3. 1인분에 150g 정도로 해서 약 20분 동안 발효시킨다.

02 피자 소스 (Pizza Sauce)

재료 준비

Onion(양파) 100g / Garlic(마늘) 5g / Whole Tomato(토마토) 250g / Olive Oil(올리브유) 20㎖
Oregano(오레가노) 5g / Basil(바질) 5g / Salt & Pepper(소금 · 후추) 2g / Stock(스톡) 300㎖

만드는 법

1. 양파 마늘을 다져서 올리브유에 볶는다.
2. 토마토는 껍질과 씨를 뺀 후에 같이 볶는다.
3. 나머지 향로와 스톡을 넣고 걸쭉하게 끓여 낸다.
4. 간을 맞춘다.

03 피자 콰트로
(Pizza Quatro)

Tip 피자는 위에 올리는 재료에 따라 여러 가지의 이름을 가진다. 대체로 양송이, 소시지, 올리브, 살라미, 피망, 안초비, 새우, 올리브 등을 다양하게 넣거나 한 두 가지로도 한다.

재료 준비

Pizza Dough(피자 도우) 150g / Sauce(소스) 20cc
Olive Oil(올리브유) 20cc / Tomato Concasser 200g / Sugar(설탕)
Salt & Pepper(소금 · 후추) / Black & Green Olive(올리브) 30g
Champignon Mushroom(양송이) 30g / Shrimp(새우) 10g
Mussel(홍합) 10g / Squid(오징어) 10g / Ham(햄) 30g
Mozzarella Cheese(모차렐라 치즈) 100g

만드는 법

1. 도우를 밀어 그 위에 소스를 바른다.
2. 4등분으로 각각 버섯, 해산물, 올리브, 햄을 구분해서 놓는다.
3. 180℃ 오븐에 색깔이 날 때까지 굽는다.

12-4 스파게티(spaghetti)

양식조리사

01 마늘 스파게티
(Garlic Spaghetti)

재료 준비

Garlic(마늘) 5쪽 / Ground Chill(굵은 고춧가루) 2g / Thyme(타임) 1줄기
Chicken Stock(닭 육수) 100㎖ / Parsley(파슬리) 1줄기 / Spaghetti(스파게티) 100g
Olive Oil(올리브오일) 50㎖ / Salt(소금) 3g / Black Peppercorn(검은 후추) 3g

요구사항

※ 주어진 재료를 사용하여 다음과 같이 마늘 스파게티를 만드시오.

① 마늘을 일정하게 편으로 썬다.
② 파슬리는 줄기를 제거하고 다져서 거즈에 싼 다음, 흐르는 물에 짠 후 펼쳐서 말린다.
③ 검은 후추는 다져서 사용한다.
④ 스파게티는 끓는 물에 적당량의 소금을 넣고 삶는다.

수검자 유의사항

① 마늘은 두께가 일정해야 타지 않는다.
② 고춧가루를 넣을 때 타지 않게 유의해야 한다.
③ 닭 육수와 올리브오일을 조금씩 넣으면서 소스의 어우러짐을 조절한다.
④ 채점대상에서 제외되는 경우

- 불을 사용하여 만든 조리작품이 작품특성에 벗어나는 정도로 타거나 익지 않은 것
- 오작 : 요리의 형태를 다르게 만들거나 해당과제의 지급재료 이외의 재료를 사용한 경우
- 미완성 : 문제의 요구사항대로 작품의 수량이 만들어지지 않은 경우
  요구작품 두 가지 중에 한 가지 작품만 만들었을 경우
  주어진 시간 내에 완성하지 못한 경우

만드는 법

1. 팬에 올리브오일을 두르고 썬 마늘을 볶는다.
2. 굵은 고춧가루를 넣고 닭 육수를 넣는다.
3. 타임과 후춧가루, 파슬리를 섞고 소금으로 간한다.
4. 스파게티를 넣고 닭 육수를 넣어 면과 올리브오일이 잘 어우러지면 접시에 담는다.

양식조리사

02 | 크림 소스의 베이컨 스파게티
(Cream Sauce of Bacon Spaghetti)

시험시간 : 30분

재료 준비

Bacon(베이컨) 50g / Fresh Cream(생크림) 100㎖ / Onion(양파) 30g / Brandy(브랜디) 10㎖
Chicken Stock(닭 육수) 100㎖ / Parsley(파슬리) 1줄기 / Thyme(타임) 1줄기
Ground Parmesan Cheese(파마산 치즈 가루) 10g / Egg York(계란 노른자) 1개
Spaghetti(스파게티) 100g / Salt(소금) 3g / Black Peppercorn(검은 후추) 5g

요구사항

※ 주어진 재료를 사용하여 다음과 같이 크림소스의 베이컨 스파게티를 만드시오.

① 베이컨은 0.7cm로 썰고, 양파는 0.2×0.2cm로 썬다.
② 계란노른자와 파마산 치즈는 썰어서 준비한다.
③ 파슬리는 줄기를 제거하고 다진 다음, 거즈에 싸서 흐르는 물에 씻어 짠 후 펼쳐서 말린다.
④ 검은 후추는 다져서 사용한다.
⑤ 스파게티는 끓는 물에 적당량의 소금을 넣고 삶는다.

수검자 유의사항

① 팬에 올리브유를 두르지 않고 베이컨에서 나오는 기름을 이용한다.
② 크림은 식으면 되직해지기 때문에 소스 농도조절에 유의한다.
③ 계란노른자와 파머산 치즈를 넣고 바로 불에서 팬을 꺼낸 후에 잘 섞어준다.
④ 채점대상에서 제외되는 경우

- 불을 사용하여 만든 조리작품이 작품특성에 벗어나는 정도로 타거나 익지 않은 것
- 오작 : 요리의 형태를 다르게 만들거나 해당과제의 지급재료 이외의 재료를 사용한 경우
- 미완성 : 문제의 요구사항대로 작품의 수량이 만들어지지 않은 경우
  요구작품 두 가지 중에 한 가지 작품만 만들었을 경우
  주어진 시간 내에 완성하지 못한 경우

만드는 법

1. 계란노른자와 파머산 치즈를 넣고 바로 불에서 팬을 꺼낸 후에 잘 섞어 준다.
2. 양파를 넣고 볶은 후 브랜디를 넣어 프람베(flambee)한다.
3. 타임과 닭 육수, 후추, 파슬리를 넣고 소금으로 간을 한다.
4. 스파게티를 넣고 소스와 어우러지면 계란노른자와 파머산 치즈를 넣어 잘 섞어 준 후 담는다.

양식조리사

03 | 토마토 소스의 해산물 스파게티
(Tomato Sauce of Sea-food Spaghetti)

시험시간 : 30분

재료 준비

Tomato Sauce(토마토소스) 100㎖ / Sea Mussels(피홍합) 3개 / Sea Clam(모시조개) 1개
Adductor Muscle(관자살) 50g / Squid(오징어) 1/2마리 / Basil(바질) 1줄기
Clam Stock(조개 육수) 100㎖ / White Wine(백포두주) 10㎖ / Parsley(파슬리) 1줄기 / Garlic(마늘) 1쪽
Onion(양파) 10g / Olive Oil(올리브오일) 10㎖ / Spaghetti(스파게티) 100g / Salt(소금) 3g
Black Peppercorn(검은 통후추) 2g

요구사항

※ 주어진 재료를 사용하여 다음과 같이 크림소스의 베이컨 스파게티를 만드시오.

① 조개육수는 바지락을 이용하여 추출한다(없을 때는 따뜻한 물로 대체 가능).
② 오징어는 껍질을 벗긴 후 0.5cm로 썰고, 모시조개는 깨끗이 닦고, 피홍합은 털을 제거하고 깨끗이 닦는다.
③ 관자살은 막을 제거하고 열십자로 칼집을 촘촘히 넣는다.
④ 양파는 0.2×0.2cm로 썰고, 마늘은 다져놓고 바질은 말아서 얇게 썬다.
⑤ 파슬리는 줄기를 제거하고 다진 다음, 거즈에 싸서 흐르는 물에 헹구어 짠 후 펼쳐서 말린다.
⑥ 검은 후추는 다져서 사용한다.
⑦ 스파게티는 끓는 물에 적당량의 소금을 넣고 삶는다.

수검자 유의사항

① 오징어는 껍질을 반드시 제거하고 링이 끊어지지 않도록 한다.
② 홍합의 털은 벌어진 쪽으로 당겨서 제거한다.
③ 홍합과 모시조개는 흐르는 물에서 깨끗이 닦아준다.
④ 채점대상에서 제외되는 경우

- 불을 사용하여 만든 조리작품이 작품특성에 벗어나는 정도로 타거나 익지 않은 것
- 오작 : 요리의 형태를 다르게 만들거나 해당과제의 지급재료 이외의 재료를 사용한 경우
- 미완성 : 문제의 요구사항대로 작품의 수량이 만들어지지 않은 경우
  요구작품 두 가지 중에 한 가지 작품만 만들었을 경우
  주어진 시간 내에 완성하지 못한 경우

만드는 법

1. 팬에 올리브유를 두르고 마늘과 양파를 볶는다.
2. 해산물과 바질을 넣고 볶다가 화이트와인으로 프람베한다.
3. 토마토 소스와 조개육수를 넣고 파슬리와 후추를 넣은 다음에 소금으로 간한다.
4. 스파게티를 넣고 소스와 어우러지면 담는다.

양식조리사

04 백포도주의 조개 스파게티
(White Wine of Clam Spaghetti)

재료 준비

White Wine(백포도주) 30㎖
Sea Clam(모시조개) 7개
Basil(바질) 1줄기
Onion(양파) 20g
Olive Oil(올리브오일) 10㎖
Parsley(파슬리) 1줄기
Clam Stock(조개 육수) 100㎖
Butter(버터) 3g
Spaghetti(스파게티) 100g
Salt(소금) 3g
Black Peppercorn(검은 통후추) 2g

요구사항

1. 조개육수는 바지락을 이용하여 추출한다(없을 시에 따뜻한 물로 대체 가능).
2. 양파는 0.2×0.2cm로 썰고, 바질은 말아서 얇게 썬다.
3. 파슬리는 줄기를 제거하고 다져서 거즈에 싼 후 흐르는 물에 씻고 물기를 짠 다음에 펼쳐서 말린다.
4. 검은 후추는 다져서 사용한다.
5. 스파게티는 끓는 물에 적당량의 소금을 넣고 삶는다.

수검자 유의사항

① 모시조개를 흐르는 물에 깨끗이 씻는다.
② 버터를 넣고 불에서 팬을 꺼낸 후에 잘 섞어 준다.

만드는 법

1. 팬에 올리브유를 두르고 양파를 볶는다.
2. 모시조개와 바질을 넣고 볶다가 화이트와인으로 졸여준다.
3. 조개육수를 넣고 파슬리와 후추를 넣고 소금으로 간한다.
4. 스파게티를 넣고 버터를 넣은 후 소스와 어우러지면 담는다.

05 토마토 소스의 소고기 스파게티
(Tomato Sauce of Beef Meat Spaghetti)

재료 준비

Tomato Sauce(토마토 소스) 50㎖
Beef Meat Sauce(소고기 소스) 50g
Butter(버터) 10g
Ground Parmesan Cheese
(파머산 치즈 가루) 10g
Parsley(파슬리) 1줄기
Onion(양파) 20g
Chicken Stock(닭 육수) 50㎖
Thyme(타임) 줄기
Salt(소금) 3g
Black Peppercorn(검은 통후추) 2g

요구사항

1. 소고기 소스를 만들어 놓는다.
2. 닭 육수를 추출해 놓는다.
3. 양파는 0.2×0.2cm로 썬다.
4. 파슬리는 줄기를 제거하고 다져서 거즈에 싼 후 흐르는 물에 씻어 물기를 짠 다음에 펼쳐서 말린다.
5. 검은 후추는 다져서 사용한다.
6. 스파게티는 끓는 물에 적당량의 소금을 넣고 삶는다.

만드는 법

1. 팬에 버터를 두르고 양파를 볶는다.
2. 소고기소스를 넣고 타임을 넣고 볶다가 토마토 소스와 닭 육수를 넣는다.
3. 파슬리와 후추를 넣고 소금으로 간한다.
4. 스파게티를 넣고 소스와 어우러지면 버터와 파머산 치즈를 넣고 잘 섞은 후 담는다.

* 버터와 파머산 치즈를 넣고 불에서 팬을 내린 후 잘 섞어 준다.

제13장 빵과 후식

Bread & Dessert

13-1 빵(Bread)

일반적인 빵은 밀가루로 만들고 그 사용한 밀가루의 종류에 따라 여러 가지로 나뉜다. 흰빵, 통밀빵, 그레이엄(graham)빵, 스톤 그라운드(stone-ground)빵, 바삭바삭한 와퍼(wafers), 펌퍼니켈(pumpernickel)은 모두 통빵으로 구워낸다. 식이요법 빵(Diet Bread)과 설사 방지 빵은 질병 상태에 따라 빚어 만든다.

1 저장

빵 제품들은 통풍이 잘되고 차갑고 깨끗한 지역에서 저장되어야 한다. 4℃에서 냉장시킨 빵보다 실온에서 저장한 빵이 더 빨리 부패된다. 냉동시키는 것이 빵의 풍미, 신선도, 향, 수분을 보존하는 데 가장 효과적인 방법이다. 냉동시키기 전에 빵을 완전히 차게 하여, 방수용 주머니에 안전하게 싼 후 포장하고 상표를 붙인 다음에 날짜를 기록한다.

2 부패

빵은 곰팡이 증식을 억제하기 위해 냉장고(특히 더운 기후)에 저장해야 한다. 빵이 포장되기 전에 충분히 차가워지지 않거나, 습한 환경과 고온 및 통풍이 안 되는 곳에 저장하면 곰팡이가 다시 발생할 수 있다. 감자 곰팡이는 저장 장소의 온도가 21°C가 되고 낮은 산 함량을 가진 빵에서도 생겨날 수 있다.

3 흰빵 제조의 4단계

① 반죽 준비(dough perparation)

체로 친 밀가루에 소금과 물을 넣고 반죽한다. 여기에 이스트 재료를 넣는다(설탕과 버터는 빵 형성에 참여한다. 설탕을 적당량 넣으면 발효가 촉진되고 쇼트닝은 그 맛을 증진시킨다). 글루텐(gluten)이 형성되도록 반죽을 계속해서 치댄다.

② 발효(Fermentation)

반죽은 따뜻한 곳으로 약간 습기가 있는 곳에 놓아서 두 배의 크기로 키운다. 그리고 반죽을 한 번 쳐서 내려가면 두 번째 다시 올라오게 한다.

③ 분할과 모양 만들기(dividing and shaping)

반죽이 부풀면 나누고 좀 더 쉽고 유연하게 다룰 수 있도록 약 10분 동안 놓아 둔 다음, 반죽을 둥글리거나 덩어리로 만든다.

④ 숙성과 굽기(proofing and baking)

빵은 숙성 기간에 2배의 크기로 키워야 한다. 빵은 굽는 동안에도 계속 부풀어 오른다. 빵 덩어리의 형태나 크기에 따라 30~50분간 구워야 한다. 이때의 오븐 온도는 199℃~248℃여야 한다.

4 반죽 팽창제(Dough Leavening Agents)

① 이스트(Yeast)

이스트는 단세포 생장 유기물로서 현미경으로만 볼 수 있고, 번식은 출아법으로 재분열한다. 설탕에서 주로 살고, 이 설탕을 알코올로 변화시키고 탄산가스를 만든다. 이러한 방법으로 이 유기물질은 반죽 부풀림에 사용되며, 맥주와 포도주 및 브랜디 제조에도 이용된다.

② 저장(Storage)

젖은 헝겊으로 이스트를 덮어 냉장고에 보관한다.

③ 베이킹 파우더(Baking Powder)

여러 종류가 있는 데 그 구성 성분은 탄산나트륨, 타르타르산 전분으로 구성되어 있다. 화학반응을 통해 이들은 탄산가스를 만들어서 반죽을 부풀린다.

④ 암모니아 칼슘염(Salt of Harshorn)

이 물질은 탄산가스와 수산화암모늄과 함께 가열하면 생성된다. 염은 주로 중탄산 암모늄으로 구성되고 수많은 다른 과정에 의해서도 제조될 수 있다. 예전에는 탄산암모늄에서 건조 증류하여 얻었다.

저장할 때는 통에 넣어 밀봉한 다음 찬 장소에서 보관한다.

⑤ 칼륨(Potash)

탄산칼륨은 상과 접촉하여 탄산가스를 생성한다. 스파이스(spice) 쿠키에서는 산(개미산)이 꿀 속에서 칼륨을 활성화한다.

⑥ 알코올

브랜디, 버찌술(Kirsch), 그리고 럼(rum)이 있다.

⑦ 머랭(Meringue)

뻑뻑하게 거품 낸 계란 흰자

01 식빵
(Toast Bread)

재료 준비

Flour(hard)(강력분) 2.7kg / Sugar(설탕) 150g / Salt(소금) 52g / Yeast(이스트) 75g / Milk(우유) 1200cc
Margarin or Butter or Shorting(마가린 또는 쇼트닝) 225g / Water(물) 1.1ℓ / Garanta(가란화) 40g

만드는 법

1. 9/10 정도의 물을 미지근하게 하여 이스트를 녹인다.
2. 설탕, 소금, 우유를 넣고 섞는다.
3. 강력분을 체로 쳐서 물에 넣으면서 반죽한다.
4. 반죽이 거의 끝나갈 때 마가린을 넣고 반죽을 봐서 나머지 물로 반죽을 조정한다.
5. 반죽이 끝나면 발효 박스(온도 28℃~30℃, 습도 50~60%)에 넣어 100~120분 정도 발효시키고, 발효 박스가 없으면 실내 온도 26℃~28℃ 비닐을 덮어 둔다.
6. 부풀어 오르면 두드려서 가스를 제거한 후, 20~30분 동안 발효시킨다(두들기는 것은 가스를 제거하고 신선한 산소를 공급하기 위한 것으로 Punch라고 한다).
7. 식빵 틀에 넣기 위해 잘라서 밀대로 밀거나 눌러서 가스를 제거하고 둥글게 만다. 그 후 식빵 틀에 담아서 2차 발효를 한다(온도 33℃~35℃, 습도 70~75%). 식빵 틀의 9/10 정도까지 발효시켜 뚜껑을 씌운 다음에 10분 정도 둔다.
8. 190℃~230℃ 오븐에 40~60분 정도 굽는다.

Tip Toast Bread는 White Bread, 또는 Pullman Bread라고도 부르며, 계란을 넣기도 한다. 우유는 한 번 끓여서 식힌다.

02 스위트 롤
(Sweet Roll)

재료 준비

Flour(hard)(강력분) 1kg / Sugar(설탕) 150g / Salt(소금) 16g
Margarine or Butter(마가린 또는 버터) 70g / Shortening(쇼트닝) 70g / Egg(계란) 150g
Yeast(이스트) 50g / Vanilla Essence(바닐라 에센스) 3cc / Water(물) 400cc / Milk(우유) 50cc

만드는 법

1. 9/10 정도의 물을 미지근하게 하여 이스트를 녹인다.
2. 설탕, 소금, 계란, 바닐라 에센스, 우유 등을 넣고 혼합한다.
3. 여기에 밀가루를 체에 쳐 넣어 반죽을 한 후 쇼트닝과 마가린을 넣고 나머지 물로 반죽을 조금 연하게 맞춘다.

4. 50~60분 정도 발효시킨 다음 두들기고, 만들려는 모양으로 잘라서, 둥글게 만 후에 2차 발효(35℃~36℃, 습도 80%)를 30~40분 정도 시킨 후에 200℃~250℃에서 8~10분 동안 굽는다.
5. 2차 발효시킨 다음, 계란물을 바르면 아주 좋은 색깔이 나온다.

03 크루아상 (Croissant)

재료 준비

Flour(hard)(강력분) 1.3kg / Sugar(설탕) 20g / Salt(소금) 20g / Yeast(이스트) 20g
Milk(우유) 550cc / Butter(버터) 375g / Egg(계란) 90g

만드는 법

1. 우유에 모두 넣어서 반죽한다.
2. 밀어서 가스 빼기를 해서 냉동고에 영하 2℃~4℃ 정도에 40분 동안 넣어 두는데, 그동안에 버터를 싸서 롤인한다. 보통 3겹으로 3번 한다.
3. 롤인은 7~8mm에서 5~6mm, 3~4mm 순서로 한다.
4. 밀대로 밀어 보통 한 변의 길이가 15cm 정도의 삼각형으로 잘라서 3~5분 동안 두었다가 앞쪽에서 뒤쪽을 말아 감는다.
5. 28℃~33℃, 습도 80~85%의 발효실에 40~50분 동안 넣어 둔다.
6. 꺼내 계란물을 발라서 220℃ 오븐에 10~12분 정도 구워 낸다.

04 도넛 (Doughnut)

재료 준비

Milk(우유) 500cc / Yeast(이스트) 30g / Flour(m)(중력분) 800g / Egg Yolk(계란 노른자) 80g
Sugar(설탕) 150g / Butter(버터) 150g / Salt(소금) 4g / Rum(럼) 20cc

만드는 법

1. 물을 미지근하게 하여 이스트를 녹인다.
2. 설탕, 계란, 소금, 우유를 넣어서 잘 혼합한다.
3. 밀가루를 체에 친 다음에 반죽한다.
4. 30~40분 1차 발효시킨다.
5. 두들겨서 모양을 만들어 34℃~38℃, 습도 50~60%, 프루핑 박스에 20~25분 정도 넣어 둔다.
6. 182℃~192℃에 튀겨 낸다.

13-2 후식(Dessert)

서양 요리에서 디저트는 후식과 간식을 겸하여 그 종류가 이루 헤아릴 수 없을 정도로 많으며, 맛과 향취도 매우 다양하다.

디저트의 어원은 불란서의 데셉아(desservir) – 치우다, 정돈하다라는 뜻 – 에서 유래하였다.

디저트는 식사의 마지막 코스이다. 이것이 일반에게는 감미 요리라고 인식되어 있으나 대개는 감미(Sweet)와 풍미(Savoury) 및 과일(fruit)의 3요소가 포함된 것을 디저트로 제공한다. 그러므로 후식의 디저트는 당분이 적고 위에 부담이 적으며, 입맛이 개운한 것을 선택하는 것이 좋다.

1 디저트의 8가지의 기본 형식

① 파이(Pie)류
② 케이크(Cake)류
③ 푸딩(Pudding)류
④ 과일(Fruit)류
⑤ 젤라틴(Gelatin)류
⑥ 아이스크림(Ice Cream)류
⑦ 셔벗(Sherbet)류
⑧ 치즈(Cheese)류

이상의 8가지가 일반적으로 제조 과정에서 온제, 냉제, 빙과제로 구분되어 만들어진다.

(1) 온제

① 베네(Beignets) : 과일을 밀가루나 빵가루 입혀 기름에 튀긴 것이다.
② 푸딩(Pudding) : 녹말이나 밀가루 또는 계란, 밀크를 주 재료로 해서 만든 것을 조리거나 베이킹한 것이다.
③ 크레이프(Crepe) : 영국의 팬케이크(Pan Cake)와 비슷한 것으로 밀가루, 설탕, 계란 등을 넣어서 만든다.

(2) 냉제

① 과일(Fresh or Tinned Fruit)

② 각종 케이크 및 파이류

③ 샬럿(Charlotte) : 비스킷을 껍질로 해서 속에 크림을 넣어 차게 만든 것이다.

④ 무스(Mousse) : 달걀, 크림을 배합하여 동결시킨 것이다.

(3) 빙과제

각종 아이스크림과 과일을 넣어 만든 아이스크림

04 애플 파이 (Apple Pie)

재료 준비

* 50인분 기준

Stuffing(속채울 것)

Apple(사과) 3kg / Water(물) 800cc / Sugar(설탕) 700g
Salt(소금) 15g / Cinnamon(계피) 7g / Nutmeg(너트메그) 4g
Butter(버터) 45g / Cornstarch(전분) 80g

Dough(도우)

Flour(m)(중력분) 1.4kg
Shortening or Butter(쇼트닝 또는 버터) 900g
Salt(소금) 28g / Water or Milk(물 또는 우유) 400cc

만드는 법

1. 먼저 도우를 만드는데, 쇼트닝에 밀가루를 섞어 비벼서 밤알 정도의 덩어리를 만든다.
2. 찬물이나 우유에 소금을 녹여서 부으며 반죽한다.
3. 냉장고에서 30~40분 정도 숙성시킨다.
4. 꺼내서 밀어 접기를 2~3회 하여 사용한다.
5. 물에 소금을 타서(3% 정도) 사과 껍질과 씨를 빼고 3~4mm 정도로 자른다.
6. 물, 설탕, 소금, 계피, 넛멕, 버터를 혼합해서 끓인다.
7. 전분을 섞은 후 사과를 넣은 다음 20℃ 정도로 식힌다.
8. 파이팬에 기름을 바른 후 도우를 2~3mm 두께로 밀어 깔고 스터핑(Stuffing)을 채운 다음, 파이팬 둘레에 계란물을 바르고, 다시 두께 2~3mm 정도의 도우를 뒤집어 씌우고 둘레에 나온 도우를 잘라 낸다. 가장자리를 두 손가락으로 눌러서 잘 접착되게 하면서 모양을 낸다.
9. 위에 계란 노른자를 바르고 설탕을 약간 뿌린 다음 위에 구멍을 낸 후 180℃ 오븐에서 30~40분 동안 굽는다.

05 과일 펀치 (Fruit Punch)

재료 준비

Sugar(설탕) 20g / Water(물) 800cc / Lemon Juice(레몬주스) 250cc / Orange Juice(오렌지주스) 250cc
Cider(사이다) 15ℓ / Fruit(과일) 5~6kg

만드는 법

1. 설탕과 물을 넣어서 시럽을 만든다.
2. 레몬주스를 넣어 1시간 정도 숙성시킨다.

3. 과일은 사용하고 싶은 과일 모두를 껍질과 씨를 제거하고 다이스로 잘라서 혼합한다.
4. 오렌지나 체리로 장식하면 좋다.

06 과일 콤포트
(Fruit Compotes)

재료 준비

Fruit(과일) 1kg / Sugar Syrup(설탕 시럽) 1ℓ / cornstarch(전분) 20g / Lemon Juice(레몬주스) 10cc

만드는 법

1. 과일을 깎아 씨를 빼서 보통 $\frac{1}{4}$~$\frac{1}{8}$ 정도로 자른다.
2. 물에 삶고 난 다음에 다시 설탕 시럽에 삶는다.
3. 전분을 찬물에 풀어 혼합한 다음에 식혀 낸다.

Tip
① 바닐라향이나 백 포도주, 적 포도주, 계피 등을 사용하기도 한다.
② Dry Fruit는 찬물에 6~12 시간 정도 담갔다가 약한 불로 삶아 낸다.

13-3 디저트 소스(Dessert Sauce)

01 오렌지 소스
(Orange Sauce)

재료 준비

Vanilla Sauce(바닐라 소스) 1ℓ / Orange Juice(오렌지주스) 6ℓ / Lemon Juice(레몬주스) 10cc

만드는 법

1. 혼합하여 끓인다.
2. 오렌지 껍질을 아주 잘게 썰어서 넣어 사용하기도 한다.

02 바닐라 소스
(Vanilla Sauce)

재료 준비

Vanilla Cream Power(바닐라 크림 파우더) 30g / Sugar(설탕) 200g / Egg Yolks(계란 노른자) 4개
Milk(우유) 1ℓ / Vanilla Extract(바닐라 익스트랙트) 10cc

만드는 법

1. 우유를 끓인 다음 계란 노른자와 설탕을 넣어 위퍼로 쳐서 넣는다.
2. 나머지를 넣어 잘 혼합한다.

03 사바용 소스
(Sabayon Sauce)

재료 준비

White Wine(백 포도주) 3dℓ / Sugar(설탕) 200dℓ / Marsala(마살라) 1dℓ / Lemon(레몬) 1개
Egg Yolks(계란 노른자) 5개 / Eggs(계란) 3개 / Rum or Kirsch or Curacar(럼 또는 카르슈 또는 쿠라소) 50g

만드는 법

1. 설탕, 계란을 넣고 이중탕에 넣고 치다가 백 포도주를 넣고 계속 젓는다.
2. 나머지를 모두 넣고 계속 쳐서 즉시 서브한다.

Tip Cold Sabayon은 위의 것에 젤라틴과 크림을 섞어서 사용한다.

04 캐러멜 소스
(Caramel Sauce)

재료 준비

Sugar(설탕) 500g / Water(물) 200cc / Cream(크림) 400cc / Vanilla(바닐라) 1Stick

만드는 법

1. 물과 크림, 바닐라를 넣어 끓인다.
2. 설탕을 녹여 캐러멜 색이 나게 한다.
3. 2.에 1.을 조금씩 넣으면서 잘 혼합한다.

제14장 음료

음료에는 식사 음료와 알코올 음료가 있다. 여기에서 설명하려는 음료는 식품적인 가치보다는 기호품으로서, 신경뇌를 안정시키거나 자극하는 혼합된 물질이다.

이들 물질에는 카페인, 테인(theine), 알코올, 니코틴, 마약 물질 등 자극성 물질들이 포함된다. 이 자극성 물질들은 반드시 저 · 고온으로 구워서 발효시켜 만들거나 증류시킨(알코올) 것이라야 한다.

Beverage

양식에 있어서 식사의 최종 코스는 대개 커피를 내고 있으나 때로는 요구에 따라 홍차나 코코아도 제공한다. 보통 식후에 제공되는 커피는 데미타스(demitasse)라고 하여, 농도가 진한 커피를 3온스 정도로 낸다.

일반적으로 우리가 사용하고 있는 컵은 6온스이므로, 그 반 정도의 양을 식사 후에 내는 것이다. 데미타스는 농도가 진하고 양이 적으며, 끓인지 오래되지 않은 것으로 향과 맛이 좋은 커피라야 한다.

14-1 커피(Coffee-Cafe)

커피는 원래 이디오피아의 카파(Kaffa) 산맥에서 유래하고, 그 나무는 아라비아로 전래되었다. 순례자들은 17세기 메카를 여행하면서 처음으로 그 씨앗을 1969년 네덜란드령 동인도로 가져온 후에 서인도로 퍼져 나간 것이다. 최고 오래된 커피 재배 농업의 기원은 1727년대로 거슬러 올라간 후에 브라질에서 찾아볼 수 있다.

프랑스령 하이티(Haiti)와 산토 도밍고(santo Domingo) 지방에 커피 재배단지를 성공적으로 만들었다. 오늘날 커피는 남미, 중미, 서인도 제도, 아시아, 아프리카 등에서 재배되고 있다. 회교 국가에서는 이것을 알코올 음료로서 사용을 금지시켰지만 커피의 수요량이 급증하여 모든 아랍국가들도 관습화되어 가고 있는 실정이다.

16세기 중엽 터키의 콘스탄티노플(Constantinople)에 최초의 커피숍이 등장했다. 1683년 비엔나가 포위된 상태하에서 터키인들은 승리자들에게 전리품으로 커피 500포대를 주고 왔다.

그때 최초로 커피숍이 비엔나에 등장했고, 그 후로 커피 마시는 습관이 전세계로 퍼져나가게 되었다. 한국에서는 커피가 어느 때에 들어왔는지 정확하게 알 수 없으나 조선 시대에 외국 선교사들이 들어올 때에 가져왔다는 기록이 전해지고 있다.

1 커피의 제조

커피가 처음엔 음료로 사용한 것이 아니고 열매를 짜서 기름을 빼어 사용했다. 그러다가 기원 570년경엔 회교에서 음주를 금하고 있었기 때문에 그 대응으로 마시게 된 것이 시초가 되었다. 그 후 13세기경 터키인이 커피 알을 볶아서 향기를 높여 사용하게 된 것이 오늘날의 커피로 전해지고 있다.

(1) 커피를 끓일 때 주의해야 할 점

① 커피의 물은 경수나 철분이 들어 있지 않은 물이어야 한다.
② 물의 이상적인 온도는 80~95℃가 적당하다.
③ 커피를 끓일 때 침시간을 너무 오래 두면 카페인이나 지방질이 용해되기 때문에 그 이상 끓이면 본래의 풍미를 해친다.
④ 커피를 거른 후 금속성에 접하게 되면 산화작용을 일으키기 때문에 도기류나 유리그릇에 마시는 것이 좋다.
⑤ 설탕과 우유는 반드시 포트에 담아 내어서 각자 식성에 따라 타서 먹도록 한다.
⑥ 커피 끓이는 기구는 사용 후에 반드시 비눗물로 씻어야 한다.

(2) 커피의 종류와 끓이는 법

① 인스턴트 커피(Instant Coffee) : 25g의 커피에 2.8ℓ 의 끓는 물에 붓는다.
② 필터로 끓인 커피(Filter Coffee) : 450g 커피를 필터에 넣고 위에서 끓인 물 9.7ℓ 를 부어서 받아내는 것이다. 이것이 가장 맛있는 커피를 끓일 수 있는 제조 방법이다.
③ 포트에 끓이는 커피(Pot Coffee) : 450g의 커피를 그냥 넣거나 융이나 면으로 된 자루에 넣어 끓는 물 9.7ℓ 를 넣고 2~3분 정도만 끓이는 방법인데, 오늘날 기구가 발달되지 않아서 사용하지 않고 있으나 끓이는 기술에 따라 맛이 좋은 커피가 만들어진다.
④ 어언 커피 : 대량으로 커피가 소비되는 장소에서 끓이는 방법으로 기구 자체가 끓여 맛이 변하지 않도록 일정시간 동안 맛을 유지시켜 준다.

(3) Coffee의 분류

① 모닝 커피(Morning Coffee) : 아침식사 때의 커피는 보통 농도로 끓여 큰 컵에 담고 설탕과 우유를 따로 곁들여서 각자 식성에 맞게 마시도록 한다.
② 밀크 커피(Milk Coffee) : 짙게 끓인 커피와 끓인 우유를 반반 정도 컵에 따르고 설탕을 넣는다.
③ 애프터 디너 커피(After dinner Coffee) : 일명 데미타스 커피(demitasse Coffee)라고도 하며, 보통 컵의 ½ 정도 되는 작은 컵에 짙게 끓인 커피를 담아서 낸다.
④ 아이스 커피(Ice Coffee) : 보통 커피보다 배 가량의 농도로 짙게 끓여서 설탕을 넣고 잘 녹여서 식혀 두었다가 얼음을 담은 컵에 부어서 낸다.

(4) 커피의 종류

① Instant Coffee

커피를 농축 · 건조시킨 후 가루로 만든 것으로 사용하기에 편리하다.

② Demitasse

after-dinner coffee로 아침 커피보다 두 배 강하다. 우유 또는 크림을 넣지 않으며, 설탕을 넣지 않는 경우가 많다.

③ Vienna Coffee

커피 잔에 거품을 낸 크림 2tsp와 설탕 2tsp을 넣고 뜨거운 커피를 붓는다.

④ Espresso Coffee

이탈리아 커피로 유럽에서 많이 이용한다. 커피를 완전히 가루로 하여 에스프레소 커피 기구에서 여과한 후, 크림을 넣지 않고 설탕 및 레몬과 같이 낸다.

⑤ Coffee Capuccino

에스프레소 커피와 동량의 뜨거운 우유를 넣고 계피가루나 넛멕을 조금 뿌려 준다.

⑥ Cafe au lait

프랑스의 밀크 커피이다. 커피를 보통보다 두 배로 강하게 하여, 동량의 우유를 데워서 한 커피 잔에 붓는다.

⑦ Irish Coffee

뜨거운 커피에 Irish whisky와 설탕을 섞어 잔에 담고, 위에 거품을 낸 크림을 얹는다.

⑧ Iced Coffee

뜨거운 커피를 만들어 긴 유리컵에 얼음 조각을 많이 담아 낸다. 설탕을 넣고 마신다. 럼주나 브랜디를 섞어서 거품 낸 크림을 얹기도 한다.

14-2 차(Tea-The)

차는 열대지방의 상록수의 어린잎과 봉오리에서 얻는다. 두 개의 잎과 맨 끝의 봉오리는 보통 손으로 채취하는데 봉오리의 첫 번째 잎은 특상품의 차에 이용한다. 차나무는 잡목으로 자라며, 아열대와 열대의 지방에서 많이 자란다.

잎을 채취한 후 건조시켜 말아가지고 발효 후에 다시 건조시켜 체로 쳐서 등급을 가린다.

가장 유명한 차 생산국으로 스리랑카(셀론)와 중국, 자바, 수마트라, 인도(아삼), 일본과 동부 아프리카, 대만 등이다.

제조과정 중에 잎은 녹색에서 검정색으로 변화되지만 일부 국가에서는 녹색의 차를 선호하고 있다. 이것은 예비 발효를 가열에 의한 것으로 채취한 후, 즉시 잎을 증기로 처리하거나 잎에 함유된 액즙의 증발을 막기 위해 뜨거운 열판 위에 놓아두기도 한다.

흑차에 쓰이는 잎은 완전히 건조할 때까지 철사줄에 널어 말리고 12~20시간 뒤, 탄력성이 어느 정도 생긴 잎들을 압력을 주면서 기계로 말아서 발효시킨다. 발효는 찻잎을 산화시키고 향을 돋우며 밝은 구릿빛에 가까운 붉은색을 내준다. 발효 후 뜨거운 공기에 굽거나 건조시켜 말린 찻잎들은 어느 점에서 흑색으로 변한다.

1 품질의 특징

다르질링 차(Darjeeling tea)는 히말라야의 7,000 피트의 고도에서 자라는 것으로 맛이 좋으며, 독특한 향을 가지고 있다.

높은 고도에서 자란 차가 낮은 고도에서 자란 차보다 품질이 우수하다. 우리가 플랜테이션(plantation)차로 부르는 인도산 재배차 향기가 있는 즙을 우려내어 주입시킨 것이다. 그 중 아삼차(Assam)가 향이 가장 강하고 다르질링(Darjeeling)은 향기가 가장 좋다.

실론(ceylon)차 중 고산지역의 것은 매우 향이 좋은데, 특히 연갈색의 것이 잘 알려져 있다. 인도산 종류보다 향은 약하지만 중국과 일본차도 향기가 은은하다. 실론, 인도, 자바, 수마트라의 차의 소비가 지난 몇 년 동안 계속적으로 증가하고 있다.

2 홍차의 종류

(1) 엽차(Leaf tea)

① **꽃-오렌지-홍차**(Flowery-Orange-Pekoe) : 약간 실크 같은 털이 있는 잎으로 잎 끝이 가장 우수하고 맛이 있다.

② **오렌지-홍차**(Orange-Pekoe) : 잎 끝이 잿빛이나 금색이 나고 둥그렇게 말린 맛있는 잎이다.

③ **홍차**(Pekoe) : 가지 끝에서 두 번째 잎으로 만든다.

④ **실론산 홍차**(Pekoe-Souchong) : 길고 만개된 세 번째의 거친 잎, 수총(souchong) 잎은 크고 원추형 모양이며 거칠게 말려진다.

(2) 가루차(broken tea)

이 차는 혼합차의 재료로 쓰이고 잎을 계속 반복하여 돌려서, 표면적을 넓게 함으로써 빨리 녹게 해 준다.

(3) 스크랩 차(Scrap tea)

찌꺼기와 질이 떨어지는 차로 대부분 차꾸러미를 채우는 데 쓰인다.

(4) 루스 티(loose tea)

철분이 적고 석회질이 많은 물에, 끓는 물 24ℓ 에 24g의 차를 넣어서 2분 이내에 따라야 맛좋은 홍차를 마실 수 있다.

(5) 아이스 티(Iced tea)

홍차 29g을 끓는 물 0.6ℓ 에 넣어 2~3분쯤 있다가 불에서 내린다. 20~30분쯤 두었다가 찬물 2ℓ 에 부어 얼음을 넣어 제공한다.

14-3 코코아(Cocoa-Cocao)

코코아의 어원은 코코아의 씨를 건조해서 볶은 것을 말한다. 건조시키지 않은 것과 부분적으로 탈지하거나 탈지하지 않은 코코아 덩어리로 가루를 만든 것을 말한다.

코코아 가루는 코코아의 규정된 지방함량이 최소한 10%가 되어야 한다. 아침 식사용 코코아는 22~24%까지 함유할 수 있다. 네덜란드에서 가공된 코코아는 지방함량이 더욱 높다.

코코아 덩어리는 코코아 가루의 기본이고 초콜릿 제조의 천연 재료이다. 코코아는 흥분제뿐만 아니라 식품으로 이용하기도 한다.

(1) 조식 코코아(Breakfast Cocoa) 4컵의 양

재료명	단위	기준량	조 리 법
코코아	컵	1/3	소스 팬에 코코아, 설탕, 소금을 배합해서 물을 붓고 끓인 다음, 밀크, 바닐라 향을 넣고 뜨거워지면 불에서 내린다.
설탕	컵	1/3	
물	컵	1/2	
밀크	컵	2	
바닐라향	tsp	1/2	
소금		약간	

(2) 핫 초콜릿(Hot Chocolate) 5컵의 양

재료명	단위	기준량	조 리 법
초콜릿	g	28	설탕, 물, 소금을 소스팬에 넣고 끓인 것에 밀크를 붓고 뜨거워지면 불에서 내린다.
설탕	컵	1/4	
물	컵	1	
밀크	컵	4	
소금		약간	

(3) 밀크 셰이크(Milk Shake) 3 1/3컵의 양

재료명	단위	기준량	조 리 법
밀크	컵	1	위의 재료를 배합한 다음, 믹서기에 돌려서 낸다.
초콜릿 시럽	컵	1/4	
바닐라 아이스크림	컵	2	

(4) 레모네이드(Lemonade) 6컵의 양

재료명	단위	기준량	조 리 법
설탕	컵	1	설탕과 물 1컵, 레몬주스를 넣고 저은 다음, 남은 재료를 넣어서 만든다.
찬물	컵	5	
레몬주스	컵	1	

(5) 프루츠 펀치(Fruit punch) 60~70잔

재료명	단위	기준량	조 리 법
파인애플주스	컵	$^{11}/_{3}$	위의 재료를 배합해서 냉장고에 잠시 냉각시킨 후, 유리 컵이나 샴페인(Champagne) 잔으로 제공하면 좋다.
레몬주스	컵	$^{11}/_{2}$	
오렌지수즈	컵	3	
설탕	컵	$^{12}/_{2}$	
박하향	컵	1	
진저에일	컵	4	
탄산수	컵	2	
썬 딸기	컵	2	

부록 I 조리용어 해설

A

Aal[ɑːl] 뱀장어(프)

Abattis[ɑbɑti] 가금류(닭, 칠면조 등)의 내장(프)

Accommoeer[ɑkɔmɔde] 조리하다, 조미하다.(프) = Cooking, Seasoning

Aceto dolce[ɑseto doltʃe] 이탈리아산 달콤한 피클(이)

Achards[ɑʃɑːr] 초와 겨자로 버무린 야채(프)

Acid[æsid] 신맛이 있는(영) = Acide(프)

Acorn[éikən] 도토리(영)

Âcreté[ɑ krəte] 매운맛, 짠맛, 쓴맛(프)

Add[æd] 더하다(영) = Additionner(프)

Adjuvants[ɑdʒyvɑ̃t] 보조재료(프)

Adoucir[ɑdusiːr] 달게, 부드럽게 하다(프)

Affadir[ɑfɑdiːr] 풍미를 없애다(프)

Agar Agar[ɑgɑr ɑgɑːr] 해초에서 추출해내는 젤라틴, 즉 한천(프)

Agaric[ɑgɑrik] 느타리 버섯(프 · 영)

Aging[éidʒiŋ] 고기의 숙성과정을 뜻하는 것으로 급속냉동시켰다가 실온에서 녹이면 고기의 결체조직의 작용으로 육질이 연해짐.

Agneau 어린 양(프) = Lamb(영)

Agoursi[ɑgruʃiː] 소금에 절인 오이(러)

Aiglefin[ɛgləfɛ̃] 북대서양 대구의 일종(프) = Haddock(영)

Aigre[ɛgr] 신, 시큼한(프) = Sour(영)

Aiguillat[egyijɑ] 곱상어(프) = Dogfish(영)

Aiguillettes[egyijɛt] (닭고기, 쇠고기 등) 얇게 썬 슬라이스 고기(프)

Ail[ɑj] 마늘(프) = Garlic(영)

Aillade[ɑjɑd] 마늘을 사용한 프랑스 남부풍의 요리(프)

À la[ɑ lɑ] ~풍의, ~식에 의한, ~식을 곁들이다(프)

A la Broche 꼬챙이에 고기를 꿰어 만든 요리(프)

A la Carte 일품요리(프)

A la King 피망, 양송이를 포함하고 크림소스를 첨가하여 조리한 요리(프)

A la Mode 어떤 모양의 형태, ~식, Pie a la Mode라 하면, 파이에 아이스크림을 얹어 내는 요리(프)
A la Vapeur 스팀(찜)으로 한 요리(프)
Al Dente 파스타를 삶을 때 약간 덜 익히게 삶은 것을 말함(이)
Allerlei[ɑrɑiri] 양송이를 첨가한 야채를 버터로 볶은 것(프)
Allspice[ɔ:lspɑis] 맛이 Nutmeg, Clove, Cinnamon 세 가지 섞은 것과 비슷함(영)
Aloyau[ɑrɑiri] 소 등심(프) = Sirloin of Beef(영)
Amer, ere[ɑmɛ:r] 쓴, 쓴맛의(프) = Bitter(영)
Amidon[ɑmidɔ̃] 녹말(프) = Starch(영)
Amandine 아몬드를 첨가하거나 가니쉬한 요리(프)
Andouille[ɑ̃duj] 주로 돼지의 내장으로 만든 소시지(프)
Ancienne, A L' 옛 방식의(프) = Old Fashioned(영)
Andalouse, A L' 안달루스식 토마토퓌레와 피망을 섞은 마요네즈(프)
Anglaise, A L' 영국식(프)
Antipasto[ɑntipɑsto] 안초비, 올리브, 정어리, 피클 등 기타 식품재료를 혼합하여 만든 이탈리아의 전채요리(이)
Aperitif[ɑperitif] 식욕 촉진주(프)
Appertiser[ɑsɛrtizɚ] 가열 살균하다(프)
Appret[ɑprɛ] 조리준비, 빵반죽의 2차발효, 마무리(프)
Appareil[ɑpɑrɛj] 미리 배합해 놓은 것(프) 도구 혼합물
Aquavit 밀가루와 감자로 만든 북유럽계 술의 일종(라틴)
Argenteuil[ɑrɑ̃ti:yu] 대단히 품질이 우수한 아스파라거스 재배지역. 프랑스 지명(프)
Ardennais, e[ɑrdɛnɛ, ɛ:z] 꿩과 메추라기를 주로 해서 만든 수프(프)
Arete[ɑrɛt] 물고기 뼈(프) = Fish Bone(영)
Aromate 특별한 향을 내는 향료(프) = Aromatic(영)
Arrowroot[ærouru:t] 칡뿌리로부터 얻은 전분(영)
Arroser[ɑroze] 로스트할 때 기름 칠하기(프)
Aspic[ɑspik] 카나페, 오르되브르, 디저트 등에 사용하는 젤리(프)
Aspiguer 레몬즙(식초)을 넣다(프)
Assaisonnement[ɑsɛzɔnmɑ̃] 조미, 조미료(프)
Assation[ɑsɑsjɔ̃] 삶기(프)
Assaisonner[ɑsɛzɔne] 음식에 양념하기(프)
Attereau[ɑterɔ:] 음식에 양념하기(프)
Aubergine[obɛrʒin] 가지(프) = Eggplant(영)
Augratin 화이트 소스 위에 빵가루나 치즈를 뿌리고 갈색으로 굽는 것(프)
Au Jus 고기 고유의 즙을 곁들임(프)
Au Latt 우유를 곁들인(첨가한)(프)

Au Naturel 간단히 조리하여 내거나 자연상태 그대로 서브하는 것(프)

Azyme[ɑzim] 누룩을 넣지 않은(프)

B

Baba[bɑbɑ] 럼주에 적시고, 크림을 쳐서 위에 올려 장식을 꾸민 작은 효모 발효 케이크(프)

Babeurre 탈지유(프)

Bain Marie[bɛ̃mɑri] 음식을 일정한 온도로 유지하기 위해 사용하는 물 중탕 용기(프)

Baliki[bɑriki] 훈제 철갑상어(러)

Ballottine[bɑlɔtin] 고기 완자(프)

Banneton[bantɔ̃] 발효용 빵 바구니(프)

Barde[bɑrd] 가금류나 엽조류, 생선을 오븐에 넣어 굽는 동안 표면이 말라 타는 것을 방지하기 위해 베이컨이나 돼지 비계로 껍질을 감싸 말아 두는 것(프)

Barde Luc : **Red Current**로 만든 잼(프)

Baron[bɑrɔ̃] 소나 양의 허리살고기(프)

Baste[beist] 조리하는 동안 마르지 않게 하며 풍미를 증진시키기 위해 기름이나 고기즙을 뿌리는 것(영)

Batter[bætɚ] 튀김용 반죽(영)

Battre[bɑtr] 스푼이나 교반기를 사용하여 뒤섞어 치대는 것(프) = Beat, Whip(영)

Baume[boːm] 물을 기준치로 하여 어떤 용액의 비중을 눈금으로 나타내는 비중계(프)

Bavaroise[bɑrɑrwɑːz] 초콜릿 럼주를 사용하여 만든 단 것(프)

Beef Tea[biːf tiː] 천천히 장시간 뭉근히 끓임으로서 추출한 진한 쇠고기 즙(영)

Beignet[beŋɛ] 튀김(프)

Beurre[bœːr] 버터(프)

Beurre Fondue : 버터가 약간 녹아 있는 상태(프)

Beurre Manie : 생선 조리법의 일종(프)

Beurre Noir : 식초, 파슬리, 조미료를 첨가하여 섞은 갈색 버터 소스(프)

Bisque[bisk] 갑각류 또는 조개류를 이용한 퓌레 수프나 되직한 크림 수프(프)

Bistecca[bisteka] Beef Steak(이)

Bitoke[bitɔːt] 러시아의 육류 요리로 Hamburger Steak와 비슷(프)

Blanc[blɑ̃] 쿠르크 부용이나 흰색 스톡을 뜻함(프)

Blanchir[blɑ̃ʃiːr] 살짝 데치는 것(프) = Blanch(영)

Blanemange 우유와 설탕, 옥수수 전분, 향신료 등을 사용하여 만든 푸딩(프)

Blanquette[blɑ̃kɛt] 어린 양고기나 닭고기, 송아지 고기와 함께 진한 벨로테 소스를 이용하여 만든 스토나 라구(Ragout)요리(프)

Blaze[bleiz] 브랜디를 뿌려 굽다.(영) = Flamber(프)

Blini[blini] 번철로 구워 만든 러시아 메밀가루 케이크에 캐비어를 얹어 준 것(프)

Blend[blend] 두 가지 이상의 재료를 혼합하여 매끄러운 농도가 되도록 섞는 것(영)

Bloater[bloutə˞] 훈제한 청어(영)

Boar[beə˞] 수퇘지(영) = Berrat(프), Wild Boar(멧돼지)

Boeuf[bæf] 쇠고기(프) = Beef(영)

Bombay[bɔmbei] 인도 델칸 반도의 항구(영) Bombay Duck 흰살 생선을 말린 것(동인도의 건어물)

Bombe[bɔ̃:b] 이중 빙고, 휘핑크림이나 여러 가지 과일을 이용하여 만든 디저트의 일종(프)

Bonne Femme 가정식의 간편한 요리를 뜻하는 용어(프)

Bordure[bɔrdyre] 아스틱, 젤리, 뜨거운 쌀밥을 링 형태로 만든 것(프)

Boucanage[bukɑnɑ:ʒ] 훈제(프) = Smoking(영)

Boudin[budɛ̃] 돼지의 피와 지방을 주로하여 만든 순대(프)

Bouillabaisse[bujɑbɛs] 프랑스 남부의 생선요리이며, 수프의 이름(프) = Cacciucco(이)

Bouilli, e[buji] 삶은 쇠고기(프) = Boiled Beef(영)

Bouillie[buji] 빵죽(프) = Pap(영)

Boulé[bulre] 시럽의 일종(당도 39° ~40°)

Bouquet Garni[bukɛgɑrni:] 야채와 향신료를 묶은 작은 다발(프)

Braunschweiger[brɑunʃvɑiugɑ:] 간을 주재료로 한 순대(프)

Brebis[brebi] 암양(프) = Ewe(영)

Brider[bride] 요리하기 전에 가금류의 날개와 다리를 실로 묶는 것(프)

Brine[brɑin] 물에 소금을 푼 염 용액(영)

Brioche[briɔʃ] 우유, 이스트, 버터, 계란, 설탕, 밀가루를 사용하여 만든 발효 반죽(프)

Brochette[brɔʃɛt] 꼬치 구이(프)

Broil[brɔil] 직접 불에 굽는 것(영) = Griller(프)

Broth[brɔ:θ] 고기국 수프(영) = Bluillon(프)

Brunoise[brynɔwɑ:z] 야채를 아주 작은 주사위 모양으로 자른 것

C

Cadgéry[kɑdʒri] 인도의 생선요리 풍(프)

Café[kɑfe] 커피(프)

Calvados[kɑlvɑdois] 사과로 만든 증류수(프)

Camaro[kɑmɑrɔ:] 치킨 콘소메에 쌀과 토마토를 첨가한 브라질 특유의 콘소메(프)

Canapé[kɑnɑpe] 빵이나 크래커에 고기나 생선 등을 올려 만든 오르되브르(프)

Canard[kɑnɑ:r] 오리(프) = Duck(영)

Candied[kændid] 설탕절임한, 설탕을 졸여서 굳힌(영)

Canneloni 파스타 요리의 일종(보문에 있음)(프) = Cnnelone(이)

Carpe[kɑrp] 잉어(프) = Carp(영)

Cassata[kɑsɑtɑ] 크림이나 잼 등을 바른 케이크(이) = Cassate(프)

Carcasse : 가금류의 뼈대(프)

Cassolette[kɑsɔlɛt] 불란서형의 작은 자기 그릇(프)

Cassonade[kɑsɔnɑd] 가루 설탕(프)

Cassé[kɑse] 농도가 매우 짙은 시럽(프)

Cassoulet[kɑsulɛ] 스튜의 일종 · 흰강남콩(프) = Rogoût = Stew(영)

Capon 거세시킨 수탉(프)

Caul[kɔːl] 동물의 위와 내장을 둘러싸고 있는 지방질이나 막(영)

Caviar[kɑvjːɑ] 철갑상어알(프) = Caviare(영)

Cdible Portion(E.P) 겉껍질이나 살가죽(rind) 같은 허드렛 부위를 제거하고 적당한 크기로 다듬은 식품의 가식 부분을 뜻하는 용어

Celestine : 팬케이크를 아주 작게 슬라이스한 조각. 콘소메에 사용(프)

Cèpe[sɛp] 표고버섯(프)

Cerrelas : 살라미 소시지와 유사한 소시지(프)

Cervelle[sɛrvɛl] 골(뇌)(프)

Champignon[ʃãpiŋɔ̃] 버섯종류의 총칭(프) 양송이

Chapelurer[ʃɑplyːre] 말린 빵가루(프)

Chaud-Froid[ʃo-frwa] 찬 생선과 고기에 젤라틴 소스로 입히는 것(프)

Chemiser[ʃ(ə)mize] 모양 틀안에 아시픽 젤리로 입혀 굳히거나 얼음 디저트에 아이스크림을 곁들이는 것(프)

Chanterelles : 버섯의 일종(프)

Chantilly Cream : 설탕과 향을 첨가한 휘핑 크림(프)

Charcuterie[ʃɑrkytri] 돈육점 혹은 다듬은 돼지고기(프)

Chateau Briand[ʃɑtobrijã] 쇠고기 안심의 중앙에서 잘라내는 상품의 두꺼운 스테이크(프)

Chef[ʃɛt] 주방의 총주방장, (프) = Chief(영)

Chef de Cuisine : 총주방장(프) = Executive Chef(영)

Chef de Partie : 한 부서의 조리장(프)

Chevreuil[ʃ(ə)vrœj] 사슴(프) = Venison(영)

Chicory[tʃikəri] 샐러드용 녹색 야채잎(영)

Chiffonade : 잎 야채류를 아주 가늘게 써는 것(프)

Chinois, e[ʃinwɑ, -ɑiz] 원추형의 거르는 체(프) = China Cap(영)

Chipolata[kjporɑtɑ] 양파를 넣은 소시지(이)

Chutney[tʃʌtni] 망고나 다른 과일류와 설탕, 식초, 향신료를 이용하여 만든다.(영)

Ciseler[sizle] 요리시간을 줄리기 위해 생선의 등에 칼집을 내는 것(프)

Citron[sitrɔ̃]　레몬보다 껍질이 두껍고 레몬보다 시지 않은 황색과일 = Lemon(영)

Civet[sive]　엽조(수)육으로 만든 라구(Ragout)요리(프)

Claquage[kraka:z]　가구로 만듦 · 분쇄(프)

Clarifier[klɑrifje]　액체를 정제하는 것 ; 콩소메, 버터(프)

Clatoutis[klɑfuti]　버찌나 사과로 만든 과자, Limosges 지방의 명물(프)

Clot[klɔt]　엉기게 하다, 굳게 하다(영)

Clot (de) Vouteot[klɔ də vcʒɔ:]　보르도의 고급 술(프)

Cock-a-leekie[kɔkəli:kì]　스코틀랜드 풍의 양파 수프

Cocktail[kɑkteìl]　칵테일, 식욕 촉진을 위한 전채

Cocotte[kɔkɔt]　음식이 요리되거나 서브되는 둥글거나 타원형 모양의 용기

Coddle[kɔdl]　약한 불에 삶다(영) = Mijoter(프)

Cognac[kəɲɑk]　프랑스 브랜디

Cointreau[kwãtrɔ:]　오렌지 향이 나는 리큐어(Cordial)의 상표명

Colander[kʌləndər]　여과기(영) = Passoire(프)

Colcannon[kəlkænɔn]　아일랜드의 찜 구이 요리(영)

Collation[kɔlɑsjɔ̃]　가벼운 식사, 경식, 간식

Coller[kɔle]　풀칠하다. 붙이다. = Thicken(영)

Collops[kɔlep]　커틀릿(Cutlets)

Colorer[kɔlɔre]　색에 섞거나 희미하게 하거나 색을 내는 것(프)

Comestible[kɔmsɛstìbl]　먹을 수 있는, 식용의(프)

Composition[kɔ̃pozisjɔ̃]　구성. 조림 : 혼성 혼합물(프) = Appareil. Composition(영)

Compotier[kɔ̃pɔtje]　과일 그릇. 접시(프) = Compote-dish. Fruit-dish(영)

Concasser[kɔ̃kɑse]　칼로 거칠게 다지는 것, 분쇄기에 으깨는 것

Concentré, e[kɔ̃sãtre]　농축된, 집중된(프) = Condensed(영)

Concombre[kɔ̃kɔ̃:br]　오이(프) = Cucumber(영)

Condé[kɔ̃de]　과일을 섞은 Cream rice와 Red preserres 소스나 잼으로 구성된 디저트

Condiments[kɔ̃dimã]　워스터셔어(Worcestershire), 겨자

Confit, e[kɔ̃fi, it]　설탕 등에 절인 : 젖은(야채는 초절임한) : (요리)지방으로 싼 고기

Congeler[kɔ̃ʒle]　응고시킨다. 얼리다.(프) = Freeze. Congeal(영)

Consistance[kɔ̃sìstã:s]　밀도, 농도(프) = Consistency(영)

Consomme[kɔ̃sɔme]　육즙, 맑은 장국(프)

Coppa[kɔpɑ]　훈연한 돼지의 둔부육(이)

Cpq au vin　프랑스 중부지방의 요리로, 닭피와 적포도주를 사용한 닭찜

Coquetier[kɔktje]　반숙란을 삶는 그릇(프) = Egg-cup(영)

Coquillage[kɔkìjɑ:ʒ]　조개로, 갑각류(프)

Coquille[kɔkij]　껍질, 조개껍질(프)

Contiser[kɔ̃tizə]　Ham, Tongue, Trufffle 등을 군데군데 끼운 것(프)

Corned[kɔːrnd]　소금에 절인(영)

Cornets[kɔrnɛt]　아이스크림이나 크림(a rich cream)류를 채워 넣기 위해 사용하는 원추형의 넓고 바삭한 페이스트리 또는 얇게 썰은 햄이나 다른 냉육 슬라이스 조각을 원추 모양으로 둥글게 말은 것

Cornish[kɔːrnìʃ]　쇠고기 다진 것, 감자, 양파로 만든 파이(프)

Corser[kɔrse]　빨리 끓여 조림으로써 걸죽하게 만드는 것(프)

Cote-Rotie[kət-roːtj]　리옹지방의 포도주(프)

Cottage[kɔ̃tidʒ]　시골집, 작은집. Cottage Cheese : 양젖으로 만든 치즈의 일종

Cotelette[kɔtlɛt]　소, 양, 돼지 따위의 갈비, 프랑스 요리에서는 주로 빵가루 묻힘

Coulis[kuli]　밀가루를 첨가하지 않고 만든 생선이나 고기의 퓌레 용액

Coupe[kup]　잔, 술잔, 컵(프)

Courgette[kurʒɛt]　기다란 호박, 크림, 육즙, 버터 등으로 버무리거나 Gratin으로 함

Court-bouillon[kurbujɔ̃]　포도주와 후추, 마늘, 방향풀, 초, 소금으로 만든 소스를 친 생선요리

Cousinette[kuzinɛt]　푸른 야채수프, 프랑스 서남부의 Bearn 지방의 요리

Crapaudine[krɑpodin]　뼈를 빨라내고 구운 영계(프)

Cream[kriːm]　크림(영)

Crépe[krɛp]　Fry pan으로 구운 과자의 일종(프)

Crépinette[krepinɛt]　크로켓 혼합물을 포스미트(Force Meat)로 엷게 씌우고 버터를 칠하고 빵가루를 옷입힌 뒤에 소테하거나 구운 것

Crescent[kresnt]　초승달, 신월 : 상현달 : 초승달 모양의 파이(영)

Crever[krəve]　터트리다. 구멍을 뚫다. 살짝 데쳐 우유를 넣다(프)

Crevette[skrəvɛt]　작은 새우(프)

Crible[krìbl]　체. 선별기(프) = Sieve(영)

Croissant[krwɑsã]　초승달 형태의 불란서 롤빵(프)

Croquant[krɔkã]　바삭바삭한(프)

Croquembouche[krɔkãbuʃ]　설탕 절임과 과일로 만든 바삭바삭한 과자(프)

Croque-Monsieur[krɔkməsjø]　(치즈와 햄을 넣은) 샌드위치(프)

Croustade[krustɑd]　페이스트리, 혹은 퍼프 페이스트리, 버터로 만든 요리

Croustadine[krustɑdìn]　여러 가지 모양으로 구운 퍼프 페이스트리

Croutons[krutɔ̃]　주사위 꼴로 썰어 버터에 튀기거나 토스트한 빵조각으로서 수프에 곁들여 낸다(프)

Crustacés[krystɑse]　갑각류(게, 바닷가재, 새우) (프)

Cuillerée[kuìjre]　한 숟가락의 분량(프)

Cuire[kyiːr]　삶다, 굽다, 열처리하다(프)

Cuisine[kyizin]　스위스, 불란서, 스페인, 미국과 같은 나라의 조리 방식(Style of Cooking)

Cuisson[kyìsɔ̃] 열처리, 굽기, 졸이기 : 국물, 즙(프)

Cullis[kəlìs] 거른 것, 거른, 국물(영)

Curacao[kyrɑso] 쓴 오렌지 껍질을 이용하여 만든 리큐르 술로서 크림이나 아이싱, 젤리의 향 첨가제로 사용(프)

Cure[kjuər] 가공하다, 소금에 절이다(영)

Cut-in[kʌtin] 지방이 작은 입자가 되도록 마른 재료에 지방을 첨가하여 교반기에(a pastry blender)로 지방을 세절하는 것

Cuver[kyvɛ] 발효시키다(프)

D

Dal 마른 충류, 완두콩 혹은 렌즈콩(lentils) (인도)

Darioles[darjɔls] 원추형 모양의 틀형

Darne[dɑrn] 큰 생선의 중심부분(연어, 철갑상어 등) (프)

Daub[dɔːb] 바르다, 칠하다, 입히다(영)

Dauphine-masse 튀김용으로 감자와 퍼프 페이스트리에 섞어 만든 것(프)

Décanter[dekɑ̃te] 침전물을 제거하기 위하여 다른 병에 액체를 옮겨 담은 것(프)

Décorer[dekɔre] 케이크, 햄, 아스픽을 장식하는 것(프)

Décortiquer[dekɔrtìke] 바닷가재의 껍질을 제거한다(프)

Deep-fat-frying 튀김

Defourner[degurne] 오븐에서 꺼내다(프)

Déglacer[deglɑse] 육류, 가금류, 생선, 혹은 염조(수)육을 로스트하거나 브래이즈할 때 생겨난 팬에서 농축된 육즙을 용해시키거나 묽게 하는 것

Deglaze 스톡이나 와인 또는 크림을 사용하여 팬즙을 희석시키는 것

Dégorger[degɔrʒe] 흐르는 깨끗한 물에 자라는 생선의 뇌나 알 등 깨끗한 부위

Dégraisser[degɔrɛse] 끓는 스톡에서 위에 뜬 지방을 제거하거나 고기 덩어리에서 비계를 잘라 내는 것

Déguster[degyste] 맛을 보다, 음미하다(프)

Déjeuner[deʒœne] 점심(Mid-day Meal)(프)

Délayer[delɛje] 용해시키다, 물을 타다, 묽게 하다, 희석하다(프)

Demi[dəmi] 절반(Half)(프)

Demi-Glace[dəmì-glas] 농축 갈색 소스(프)

Démouler[dəmule] 틀형에서 빼내는 것

Densite[dɑ̃site] 비중, 밀도, 농도(프)

Déplumer[deplyme] 닭털을 뽑다

Désosser[dezɔse] 뼈에 붙은 살을 떼어 낸다

Dessécher[deseʃe]　건조시키는 것

Détrempe[detrɑ̃:p]　밀가루와 물을 혼합한 것, 밀가루 반죽(프)

Devilled[devld]　겨자를 많이 바른(영)

Diablé, e[deɑibl]　(불) = devilled(영)

Dice[dɑìs]　식품을 ⅛인치 크기의 주사위꼴로 써는 것

Diet[dɑ:ət]　음식과 음료를 일상적으로 줄이는 것(프)

Dietitiam[dáiitiʃən]　전술한 학술적 과정을 거치고 인준된 대학에서 학위를 취득하여 소정의 식이요법 수련과정을 거친 사람으로서 병원이나 대학, 요식업소에서 푸드서비스(Food service) 프로그램을 계획하고 지시한다.

Dinde[dɛ̃:d]　암컷 칠면조(프)

Dindon[dɛ̃dɔ̃]　수컷 칠면소(프)

Dindonneau[dɛ̃dɔno]　어린 칠면조(프)

Dino[dìno]　알요리에 사용되는 이름(프)

Douillon[duj:ɔ̃]　프랑스 노르망디 지방의 요리, 사과를 주로하여 만든 단 것(프)

Doux[du]　단 : 맛있는, 상쾌한, 부드러운(프)

Drawn Butter　녹인 버터

Dredge[dredʒ]　밀가루에 굴리거나 밀가루를 뿌려서 식품에 옷을 입히는 것

Dresser[drɛse]　끼얹어 입히는 것, 요리를 접시에 담아 내는 것

Dripping[drìpìŋ]　지방, 기름기(구울 때 고기에서 나온 기름)(영)

Drupe[dryp]　(식물)핵과, 육과(프)

Duchesse[dyʃɛs]　여러 가지 요리에 쓰여지는 용어, 특히 감자 요리 방법에 쓰임

Du Jour　"오늘의(of the day)"라는 뜻을 지닌 용어로서 그날 서브할 준비가 되어 있는 음식을 뜻하기도 한다(프).

Dumpling[dʌmplìnŋ]　밀가루 경단(영)

Dusting　고운 설탕가루나 밀가루로 뿌리는 것

Duxelles[dukser]　곱게 다지 양송이에 향신료와 양파를 첨가하여 소테하여 만든 양송이 해시(a mushroomhash)

E

Eau[o]　물(프)

Ébarber[ebɑrbe]　가장자리에 너절하게 붙은 것을 잘라내다(프)

Éclair[eklɛ:r]　슈 페이스트(Chou Paste)로 만든 손가락 모양의 페이스트리로서 휩크림이나 바닐라 페이스트리 크림을 채워 넣으며 보통 초콜릿을 그 위에 입힌다.

Écorcer[ekɔrse]　껍질을 벗기다(프)

Écumer[ekyme]　거품을 걷어 내다, 깨끗이 하다, 긁어 모으다(프)

Edam 겉 껍질이 붉은색 왁스 케이싱으로 싸여 있는 비교적 수분이 적은 저지방 황색 네덜란드 치즈의 상품명

Égoutter[egute] 물기를 빼는 것

Émincer[emɛ̃se] 작은 슬라이스 조각으로 써는 것

Émincé[emɛ̃se] 조각(프)

Emmentaler 전지 혹은 반지유(Semi-fat Milk)로 만드는 스위스산 경질 치즈로서 달콤하면서도 섬세한 맛을 낸다.

Entrecóte 미국에서는 Sirloin Steak로 알려져 있으며 문자적으로 "갈비 사이에"라는 뜻

Entrée[ɑ̃tre] 세 번째 코스(프랑스식 정식에서)

Entrémetier[ɑ̃trəmetije] 야채요리를 담당하는 조리사(프)

Entremets[ɑ̃trəmɛ] 디저트(프)

Epinards[epínɑːrd] 시금치(프)

Épurer[epyre] 정화하다, 정제하다, 정련하다(프)

Escabescia[eskɑbeʃɑ] 절인 생선 튀김(서)

Escalope[ɛskɑlɔp] 얇게 저며 썰은 육류나 생선 슬라이스 조각

Escargots[ɛskɑrgot] 달팽이(프)

Escoffier[ɛskɔfje] 현대적 전통 요리의 거장으로 숭상 받는 유명한 불란서 조리장의 이름

Espagnole[ɛspɑɲɔl] 기본 브라운 소스(현재는 구식에 속함)

Essence[esens] 식품기질에서의 추출물(액)

Essuyer[esyìje] 닦다, 씻다(프)

Estragon[ɛstrɑgɔ̃] (식물)타라곤 : 쑥의 일종(프)

Étamine[etɑmìn] 체, 여과기, 천을 이용해 거르는 것(프)

Étuver[etyve] 액체를 넣지 않고 팬에 뚜껑을 덮어 음식을 익히는 것

Évaporer[evɑpɔre] 증발시키다(프)

Éxtract[ìkstrækt] 향미료로 사용되는 농축물(아몬드, 아니스, 바닐라)

F

Faisan[fəzɑ̃] 꿩(프)

Faisande[f(ə)zɑ̃de] 엽수류의 강한 맛을 뜻하는 용어(프)

Farce[fɑrs] 포스 미트 혹은 스터핑(Stuffing)(프)

Farcir[fɑsrìːr] 고기, 가금류, 그리고 야채를 속채우기

Fariner[fɑrìne] 밀가루를 입히거나 뿌리는 것

Fermiere, A La "농부의 아내"식 : 쁘왈레(poeler) 조리한 닭고기나 육류에 야채를 가니쉬하여 내는 것(프)

Fecola[fekolɑ] 전분(이)

Fecula[fekjule]　전분(영)

Fendre[fã:dr]　전분(프)

Ficeler[fisɛl]　끈을 사용하여 묶거나 붙이거나 조리하는 것(프)

Figer[ɛiʒe]　응고시키다, 엉기게 하다, 고정시키다(프)

Fileter[filɛte]　살을 저미는 것

Filet Mignon　가장 질감이 좋고 살이 연한 쇠고기 안심의 부위

Fillet[filit]　쇠고기나 돼지, 양, 송아지, 혹은 엽수육의 등심(loin) 내부의 고기덩이 : 뼈를 바른 생선 : 뼈를 추려낸 가금류의 가슴살

Filling[filiŋ]　채움, 충전(영)

Filtrer[filtre]　거르다, 여과하다(프)

Fines Herbes　소스와 스테이크, 오믈렛, 샐러드에 향신료로 사용되는 곱게 다진 허브류(파슬리, 처빌, 차이브, 타라곤) 혼합물(프)

Flambée[flãbe]　음식을 그을리는 것

Flanchet[flãʃe]　소의 복부육(프)

Flanquer[flãke]　가니쉬(Garnish)하는 것

Flavour[fleivər]　맛, 풍미, 향미, 조미료, 양념 ; 향기, 방향(영)

Fleuron[flærɔ̃]　퍼프 페이스트리를 틀로 찍어 자른 것

Florentine, A la　프로랑스 지방의 조리법을 따른: 보통 시금치 수프나 시금치 가니쉬(프)

Foam[foum]　거품(영)

Foie[fwa]　간(liver)(프)

Foie Cras　살찐 거위 간(프)

Fold[fould]　포말시킨(beaten) 계란 흰자와 같은 부서지기 쉬운 재료를 거품이 죽거나 녹지 않도록 혼합물에 개어 넣는 방법을 뜻하는 조리 용어

Foncer[fɔ̃se]　팬이나 틀형에 야채나 밀가루 반죽을 얇게 까는 것

Fond[fɔ̃]　수프나 소스용 스톡

Fond Blanc　화이트 스톡 : 화이트 소스의 기본이 된다(프)

Fond Brun　브라운 스톡 : 걸죽한 그레이비와 브라운 소스의 기본이 된다(프)

Fondue[fɔ̃dy]　프렌치 빵을 찍어 먹을 수 있도록 버찌술(kirsch)이나 포도주를 첨가하여 녹인 치즈 : 또는 조리한 깍뚝꼴 고기 조각을 찍어 먹는 스페셜 소스류(프)

Forcemeat[fɔ:rsmì:t]　스터핑에 사용되는 잘게 다진 고기와 향신료 혼합물

Forestiere, A la　작은 크기의 고기나 가금육 조각을 조리하는 방법, 이 요리는 양송이와 느와제뜨(moisette) 감자로 가니쉬 된다(프)

Fouetter[fwɛte]　철사 젓개(wire whip)로 휘저어 쳐대는 것

Fourrer[fur:e]　쑤셔 넣다, 채워 넣다(프)

Fowl[faul]　새, 닭(영)

Fraise[frɛ:z]　딸기(프)

Framboise[frãbwɑːz]　나무 딸기 = (raspberries)(영)

Frapper[frɑpe]　소금과 얼음 혼합물에 음식이나 음료를 담그는 것

Freeze[friːz]　얼리다, 빙결시키다(영)

Fricassée[frìkɑse]　가금육이나 송아지 또는 양고기 조각을 갈색으로, 냄새없이 겉만 그을린 다음, 스튜처럼 조리하는 것(프)

Fried[frɑìd]　기름에 열처리한, 볶은 혹은 튀긴(영)

Frire[friːt]　튀기는 것

Fritto Misto[frito mìsto]　여러 종류의 육류, 가금류, 생선 튀김에 야채 튀김을 부수물로 곁들여 담는 것

Frivolités[frivɔlite]　소형 타르트(tarts), 보트(boats), 크림으로 구성된 오르되브르

Froid[frwɑ]　찬(프)

Fromage[ɑrɔmːʒ]　치즈(프)

Frotter[frɔte]　문질러 바르다

Fruits de mer　해산물, 갑각류, 연체 동물의 모든 종류

Fumer[fyme]　연기 나는 것

Fumet[fymɛ]　스톡이나 와인에 음식을 익힘으로 생겨 나온 맛이 진한 용액

Fumet Blane de Poisson　흰색 생선 스톡(프)

G

Gacher[gaʃe]　반죽하다(프)

Gaine[gɛn]　칼집, 포장, 막(프)

Galantine[gɑlãtin]　뼈를 제거하고 속에 채워 넣은 뒤 포치한 생선이나 육류를 둥글게 말아 압착하여 코팅하여(Glazed) 차게 서브한다(프)

Game[geim]　사슴, 곰, 산토끼, 다람쥐, 버팔로 소와 같은 식용 야생 동물(프)

Gamefowl[geimfɑul]　꿩, 자고새, 비둘기, 오리, 거위, 뇌조, 메추라기, 비둘기 새끼를 포함하는 식용 야조

Garde Manger[gɑrdəmãʒe]　팬트리(pantry), 식료품실(lander), 냉육실, 이 부서를 책임맡은 부서장(프)

Garnir[gɑrniːr]　곁들이는 것, 관심을 끌도록 요리를 장식하는 것

Garnish[gɑːrniʃ]　요리를 보기좋게 꾸미거나 맛을 증진시키기 위해 곁들이는 워터크래스나 파슬리, 래디시, 당근, 레몬 껍질, 크루통, 넛미츠(nutmeats), 초콜릿 커얼(curls)과 같은 식품(프)

Garniture[gɑrnityːr]　고기, 생선, 가금류에 곁들여 서브하는 야태와 수프나 소스에 곁들여 내는 식품 조각

Garniture de marmite　가니쉬로 사용되는, 주사위꼴로 썰은 고기나 야채 조각

Gaude[goːd]　옥수수 가루로 만든 죽(프)

Gaufres[go:frz]　얇고 달콤한 웨이퍼(wafers)(프)

Genoise[zenwa:z]　이탈리아 스펀치 케이크

Ghee[ge]　인도요리에 사용되는 정제 버터의 일종

Glace de viande　젤리 농도로 농축시킨 스톡으로 조리한 육류를 글레이징하는 데 쓰인다.

Glacer[glɑse]　당시럽으로 케이크를 입히는 것, 얼리다, 냉동시키다(프)

Gibier[ʒibje]　엽수(조)육(프)

Gigot D'agneau　어린 양의 다리(프)

Gjetost　염소의 유청(whey)으로 제조되는 노르웨이산 천연 치즈, 달콤한 캐러멜 맛을 지닌다(프)

Glace de Viande: 젤리 농도로 농축시킨 스톡으로서, 조리한(Cooked) 육류를 글래이징(glazing) 하는 데에 쓰인다.

Glazing[gleízíŋ]　노릇노릇하게 구운 색깔을 내다

Gnocchi[njɔki]　감자나 세몰리나(semolina) 또는 퍼프 페이스트로 만드는 작은 이탈리아식 덤플링(dumpling)

Gonfler[gɔ̃fle]　부풀리다, 팽창시키다(프)

Gorgonzola[gɔrgɔ̃zɔlɑ]　이탈리아산의 반엽질(Somisoft) 푸른 곰팡이 치즈

Gouda[gɑudə]　네델란드산 치즈

Goulasch[gu:læʃ]　토마토, 백포도주, 파프리카, 감자를 첨가한 헝가리의 쇠고기조림

Gouter[gute]　맛을 보는 것

Graisser[grsɛe]　기름을 치다, 기름칠하다(프)

Grand Marnier[grɑ̃mɑrnìe]　리큐르 술로서 서브되는 오렌지향이 나는 품질 좋은 코냑(프)

Granité[grɑnìte]　얼음(프)

Gratiner[grɑtine]　음식의 윗면을 구워 껍질이 생기게 요리하는 것

Grenadin[grənɑdɛ̃]　베이컨으로 열십자로 감싸고 글래이즈(Glazer)한 두꺼운 송아지 커틀릿

Grenadine[grənɑdin]　석류즙과 설탕으로 만든 시럽

Griddle[grìdl]　석쇠구이(영)

Griller[grìje]　석쇠에 굽거나 브로일(broil)하는 것

Grilling[griliŋ]　석쇠에 굽기

Groats　외피를 벗기고 거칠게 빻은 귀리(oats)가루로서 죽(porridge), 묽은 죽(gruel), 브롯조리에 사용된다.

Grosseur[grosæìr]　굵기, 크기(프)

Grosspiece[gro:spjɛs]　메뉴에 있어서 주요리 코스(Main course)(프)

Gruyère[gryjɛ:r]　기공이 있는 황색의 숙성경질 치즈, 스위스, 프랑스, 핀란드, 아르헨티나에서 제조된다.

Gugelhupf　아몬드와 건포도를 첨가하여 홈이 있는(fluted) 팬에 구워 만든 독일 케이크

H

Habillage[ɑbijɑ:ŋ]　조리법, 만듦(프)

Habiller[abije]　입히다, 옷을 입히다, 조리하다(프)

Haché, e[ɑʃe]　잘게 썬, 다진(프)

Haggis[hægiʃ]　송아지나 면양의 간과 심장, 폐를 이용하여 만든 스코틀랜드 요리. 양념이 많이 들어가며, 오트밀(oatmeal)을 첨가하여 면양의 위에 채워서 익힌다.

Halicoter[ɑlikote]　다지다, 잘게 썰다(프)

Haricot[ɑriko]　콩(Beans)(프)

Haricots verts　채두(Green string beans)(프)

Hash[hæʃ]　잘게 썰다, 다지다(영)

Hassenpfeffes　토끼 고기 스튜(독)

Hátelet[ɑtlɛ]　그릴용 나무나 금속 꼬챙이

Havir[ɑvir]　(고기 따위를) 겉만 눌게 하다(프)

Helvella　원추형의 모렐(morel) 버섯과 유사한 원추형의 버섯

Herb bouquet = Bouquet Garni

Hochepot[ɔʃpo]　madere 주로 끓인 Oxtail, 돼지고기, 양배추, 그 밖의 야채를 사용한 콘소메(프)

Homard[ɔmɑ:r]　바닷가재(프)

Hors d'oeuvre[ɔrdævr]　식사 전에 먹는 간단한 요리, 전채, 전식(프)

Huile[yil]　식용유(프)

Huitres[yitr]　굴조개(프)

I

Infusion[intju:ʒən]　달이기, 우려내기, 스며듦, 주입(프)

Isinglass[ɑiziŋglɑ:s]　생선의 부레(air bladders) 특히 철갑상어의 부레로부터 제조한 순수정제 젤라틴으로 젤리와 푸딩 조리시에 젤라틴 대신으로 사용되며 정제재(clarifying agent)로서 사용되기도 한다.

J

Jambon[ʒɑ̃bɔ̃]　햄(프)

Jardinère[ʒɑrdiniɛ:r]　주사위꼴 또는 기다란 조각(strips)으로 생야채를 썰어서 익힌 다음, 육류 요리 주위에 가니쉬로서 두르는 것(프)

Julienne[ʒyliɛn]　야채나 고기를 길고 가느다란 조각으로 채써는 것(프)

Jus[ʒy]　즙(juice), 브로일러에 굽거나 오븐에 넣을 때 생겨나는 천연 육즙(프)

Juter[ʒyte]　즙을 내다, 즙을 뿌리다(프)

K

Kabob[kebɑb]　마리네이드한 고기에 야채, 과일조각을 꼬챙이에 끼워 조리하는 것

Kedgeree[kedʒəriː]　인도의 생선 요리(영)

Kiev[kief]　조미한 버터로 가득 채워 넣는 것

Kirsch[kirʃ]　버찌술(프)

Kirschwasser[kirʃwɔse]　체리코디얼(cordial) 혹은 브랜디를 반죽을 접고 눌러 펴고 치대는 것으로서 신선한 공기가 접촉되어 그 조직형성이 증진된다.

Konvectomat　대류형 오븐

Kummel　캐러웨이씨(caraway seed)의 향이 나는 리큐르(liqueur) 술(독)

L

Labskaus[lɑːpskɑus]　생선과 감자 요리(독)

Lachs[lɑks]　연어(독)

Lait[lɛ]　우유(프)

Langoiuste[lãgust]　집게발이 없이 안테나가 긴 바닷가재(spiny lobster) (프)

Lapin[lɑpɛ̃]　토끼(프)

Lard[lɑːr]　녹여서 정제하여 다시 굳힌 돈지(the fat of hogs)로서 튀김유 또는 쇼트닝으로 이용된다.

Larding[lɑːrdiŋ]　조리하는 동안 습기를 부여하기 위해 조리할 고기나 생선, 가금육의 표면에 염장 돈육(salt pork)이나 베이컨 또는 돼지 등 비계의 얇은 조각을 끼워 넣는 것

Lardoon[lɑːrduːn]　말린 고기나 생선, 가금육에 끼워 넣는 염장 돈육이나 베이컨의 얇고 길다란 조각(thin strips)

Lasagna[lɑzɑːɲa]　구불구불한 noodle 모양의 우동(이)

Laurier[lɔrje]　월계수(프)

Legumes[legym]　생으로나 말린 상태 둘다 사용할 수 있는 완두콩류, 대두콩류, 렌즈콩과 같은 콩류식물의 열매나 씨(프)

Lentils[lentil]　수프에 첨가되는 콩류식물의 작고 납작한 것

Liaison[ljɛzɔ̃]　계란과 같은 농후제(binding agent)로서, 소스나 수프를 되직하게 할 때 사용한다.

Lier[lje]　수프나 소스를 진하게 만들어 주는 농밀제

Limburger[limbərgər]　강한 맛과 향을 지니는 연질 치즈의 일종

Liqueur[likwid]　식후 음료로 보통 서브되는 달콤한 알코올 음료. 여러 가지 다양한 향을 가지는 리큐르들이 있다.

Lobster[lɔbstər]　대하, 바닷가재(영)

Lyonnaise[ljɔnɛːz]　요리에 양파의 맛이 강하게 나게 하는 것

M

Macédoine[masedwan]　과일이나 야채를 혼합시킨 것

Macération[maserasjɔ̃]　식품을 담가서 부드럽게 하는 것, 담그기(프)

Macérer[masere]　오랫동안 와인, 식초, 기름, 레몬 주스 등에 향료와 고기를 담아 향이 배게 하는 것.

Madeira[mədiərə]　포르투갈령의 대서양 군도 이름 : Madeira 산의 백포도주, 향이 좋고 맛좋은 포도주로 달콤하면서 색이 짙다(영)

Madeleine[madlɛn]　여러 종류의 과일이나 야채의 혼합물(combination)

Madeleine[madlɛn]　모드에 넣어 굽는 작은 케이크

Madrilene Soup　뜨겁게 내거나 젤리 상태로 차게 내는 맛이 아주 진한 콩소메의 일종, 마디아라와 브랜디, 케이엔 페퍼로 맛을 내고 주사위꼴로 썰은 토마토로 가니쉬한다.

Maitre d'hotel　식당을 책임지는 지배인

Maitre d'hotel, A la　조리의 한 방식, 소스 : 녹인 버터에 레몬 주스와 다진 파슬리, 소금, 후추 섞은 것

Malaxer[malakse]　반죽하여 부드럽게 하다, 이기다, 주므르다(프)

Manié[manje]　가공한, 사용한, 부드럽게 갠

Maraschino[maraski:no]　달마티아(Dalmatia) 지역에서 재배되는 마라스카(Marasca) 체리로 만든 리큐르 술

Marinade[marinad]　레몬즙이나 식초, 포도주, 식용유, 향신료 등의 혼합용액으로서 식품의 풍미를 증진시키기 위해 사용된다. 또한 일부 육류의 육질을 연화시키기 위해서도 사용된다.

Marinate[mærineit]　마리네이드 용액에 식품을 담그거나 적시는 것

Marmite[marmit]　고기, 수프용 스톡포트

Marron[marɔ̃]　밤(프) = Chestnut(영)

Marsala[marsa:la]　시실리섬의 마르살라 지방 인근지역에서 재배되는 포도로 제조 생산한 세미 드라이 와인

Marzipan[martsipain]　아몬드 가루, 설탕, 계란, 흰자로 만든 아몬드 페이스트

Mask[ma:sk]　소스나 아스픽을 사용하여 완전히 덮어 입히는 것

Masquer[maske]　음식에 소스를 끼얹어 주는 것

Matelote[matelɔt]　담수어와 포도주, 허브류, 조미료 등으로 조리한다(프)

Matignon[matinjɔ̃]　곱게 다진(Minced) 생야채 또는 익힌 야채로서 육류를 가니쉬하는 데에 사용된다.

Matzoth[matso:θ]　발효시키지 않고 구운 빵(영)

Mealy[mi:li]　가루의, 가루를 뿌린

Measurement[medzərnəntz]　측량, 크기(영)

Meat Extract　스톡을 가열 농축하여 젤라틴 상태의 농도가 되도록 조린 용액

Medallions[midæljəns] 작고 둥근(안심고기) 조각이나 거위간 둥근 조각

Melanger[melɑ̃ʒe] 섞다, 혼합하다

Melba Sauce 곱게 갈아 체에 내린 후 나무 커런트 젤리(임의적), 설탕, 옥수수 전분을 혼합한 것으로서 보통 아이스크림 위에 끼얹어 낸다.

Melba Toast : 아주 얇게 썰은 식빵 슬라이스 조각을 오븐에 넣어 구워 바삭하게 한 것

Méler[mɛle] 다른 음식과 섞는다.

Melt[melt] 녹다, 용해하다.

Meringue[mərɛ̃:g] 계란 흰자에 설탕을 첨가하고 빽빽하게 거품낸 것으로서 파이와 푸딩, Baked Alaska의 토핑(topping)으로 올려 오븐에 갈색나게 굽거나 또는 조개 모양을 만들어 구워서 아이스크림이나 휩크림, 기타 필링의 기저로 사용

Metabolism : 식품을 섭취 후 체내에서 일어나느 제반 물리적 화학적 변화를 통칭하는 용어, 신진대사를 뜻한다.

Meuniere, A la "밀러(Miller)의 아내"식 : 생선을 밀가루로 살짝 옷입혀서 버터에 소테하고, 레몬즙과 파슬리, 뜨거운 버터로 조미하는 조리방식

Mignonettes[miŋɔnɛt] 작거나 가늘게 썬다.

Mijoter[miʒɔte] 뭉근히 끓이는 것. 심머(simmer)

Milanaise, A la 스파게티의 조리방식(프)

Mince[mins] 다지다, 잘게 썰다.

Minestrone[minestron] 밀라노식의 수프(이) 마늘, 양배추, 베이컨, 토마토를 첨가한 수프

Minion fillet[minjənfilet] 쇠고기 등심(영)

Minute[minyt] 분, 일분(프) : 잠시 동안

Mirepoix[mirpwɑ] 고기는 임의적으로 첨가되며 주사위꼴로 썬 야채와 허브류, 향신료(spices)의 혼합물로서 육류와 생선요리의 풍미증진에 사용된다.

Miroton[mirɔtɔ̃] 삶은 고기를 버터로 조리고 양파, champignon, 초로 졸이는 스튜

Mise en place 문자적으로는 "적소에 위치한"이란 뜻임. 식사준비에 따른 제반준비 작업을 미리 마무리지어 끝내 놓는 것을 뜻한다.

Mitonné, e[mitɔne] 약한 불에서 오랫동안 끓인(프)

Mix[miks] 두 가지 이상의 재료를 혼합하여 서로 잘 섞이도록 휘저어 주는 것

Mixed grill 찹(chop), 콩팥, 소시지와 같은 여러 종류의 육류를 석쇠에 구운 것으로서 토마토와 양송이로 가니쉬된다.

Mocha[moukə] 주로 혼합커피(blended coffee) 제조에 식용되는 맛이 강한 커피, 또는 아이스크림, 프로스팅(frostings) 케이크, 파이에 사용되는 커피와 초콜릿 향미제의 혼합물

Mohn : 양귀비 씨(poppyseed)

Moitié[mwɑtje] 반, 절반(프)

Mold[mould] 틀, 형, 주형(영)

Monte-plats[mɔ̃tplɑ] 요리기(프)

Mortadella Sausage : 이탈리아가 그 원산지인 커다란 크기의 소시지나 프랑스에서도 제조된다. 오르되브르로서 서브되는 아주 맛이 좋은 돈육가공품이다.

Mortifier[mɔrtifje] (고기를) 연하게 하다(프)

Mouiller[muje] 물에 담그다, 적시다

Mousse[mus] 크림과 계란, 또는 젤라틴, 초콜릿이나 과일, 커피와 같은 향미제를 사용하여 만드는 부드럽고 맛있는 디저트. 이 용어는 냉요리(cold dish)나 젤라틴 같은 고기 가금육 또는 어육, 향신료를 이용하여 만든 샐러드와 같은 sawory dishes를 뜻하기도 한다.

Mouseline[muslin] 올이 가는 치즈천(소창천)

Mousseline Sauce : 올랑데즈 소스(Hollandaise Sauce)에 휩크림을 첨가한 것(프)

Mousseron[musrɔ̃] 느타리 버섯(프)

Mouton[mutɔ̃] 양(프)

Mozzarella[mɔtzɑlelɑ] 피자나 그 외 요리에 사용되는 이탈리아산의 맛이 온화한 반연질 치즈

Muenster 맛이 온화한 독일산의 반연질 치즈

Mull[mʌl] 향료를 넣고 데우다(영)

Mush[mʌʃ] 부드러운 죽(영)

Muslin[mʌzlin] 크림을 주재료로 하여 만든 빵, 과자(영)

Mutton[mʌtn] 양, 양고기(영)

Mysost : 스칸디나비아 국가들에서 많이 생산되는 유청 치즈(Whey Cheese)로 달콤한 캐러멜 맛이 있음.

N

Nageoire[nɑʒwɑir] 생선 지느러미(프)

Napper[nɑpper] 음식에 소스나 젤리로 덮어 준다.

Navarin[nɑvɑrɛ̃] 양고기 스튜(프)

Navet[nɑvɛ] 순무(프)

Neufchàtel[nøʃɑtɛl] 맛이 온화한 유백색의 불란서산 연질 치즈.

Noir[nwɑːr] 검은(프)

Noiette[nwɑzɛt] 헤이즐넛(hazelnut), 또한 이 용어는 쇠고기 안심이나 양고기의 작고 둥근 조각을 뜻하기도 한다. Noisette Potatoes란 멜론 볼컷터로 모양을 떠서 버터에 갈색낸 감자이다.

Nouille[nuj] 국수(Noodle) (프)

Nutrients[njuːtriənt] 단백질, 탄수화물, 지질, 비타민, 무기질, 수분과 같은 영양소(프)

Nutrition[nytrisjɔ̃] 생명이 있는 유기체가 생존에 필요한 식품을 섭취하여 이용함으로써 생장에 소모되는 에너지를 획득하는 총체적인 과정

O

Oeuf[æf] 계란(프)

Offal[ɔfɔl] 잡육(variety meats) : 골, 간, 혀

Orangeat[ɔrãʒɑ] 오렌지 껍질의 설탕절임(프)

Oignonade, Oignonnade[ɔɲɔnɑd] 양파를 주로하여 만든 요리

Orgeat[ɔrʒɑ] 혼성주에 사용되거나 식품향미제로 사용되는 알코올기 없는 아몬드 맛이 나는 시럽

Osha 직업안전, 보건소(Occupational Safety and Health Administration)

Osso buco : 소테하여 토마토와 양파, 포도주, 마늘을 곁들여 송아지 정강이(Veal shanks)로서 스파게티나 쌀밥을 곁들여 낸다.

Ovale[ɔvɑl] 달걀 모양의 난형의, 타원형의(프)

Over-Run : 냉동중에 혼합물이 공기의 작용으로 부피가 증가되는 현상으로 냉동 디저트(a frozen dessert)에 잘 일어난다.

Oyster[ɔistər] (조개) 굴(영)

P

Paella[pɑejɑ, pɑeljɑ] 사프란을 첨가하여 지은 쌀밥에 토마토와 완두콩, 포도주, 닭고기, 갑각류, 기타 재료를 첨가하여 조리하는 유명한 스페인 요리

Pain[pɛ̃] 빵(프)

Paleron[pɑlrɔ̃] 소의 견부육(프)

Palourde[pɑlurd] 대합(프)

Pamplemousse[pãpləmus] 그레이프 프루츠(grapefruit)(프)

Panada[pənɑːdə] 밀가루나 빵가루를 물이나 우유, 스톡에 익혀 만든 것으로서 포스미트나 스터핑의 결착제로서 사용된다.(프)

Pandoway[pændɔwei] 사과, 레몬, Baking-powder, 설탕으로 만든 것(영)

Pane, e[pɑne] 빵가루를 입힌(프)

Paner[pɑne] 고기, 생선, 감자요리에 빵가루를 입히는 것

Pan-Fry : 뚜껑을 덮지 않은 상태에서 소량의 기름으로 팬(Skillet)에 넣어 익히는 것

Papillote[pɑnyːr] 기름을 먹인 종이(프)

Parer[pɑre] 꾸미다, 장식하다(프)

Parfait[pɑːrfei] 아이스크림과 과일이나 여러 가지 맛을 지닌 시럽을 교대로 층이 형성되도록 만든 냉동 디저트

Parfumer[pɑrfyme] 향기롭게 하다, 향료를 넣다(프)

Parmentier, A la 일정형태의 감자를 늘 포함하는 여러 가지 요리의 조리 방식(프)

Passer[pɑse] 여과하다, 지나가다, 옮겨가다(프)

Pasta[pɑstɑ] 초경밀가루 반죽을 여러 다양한 크기와 모양의 다이스(dice)에 압축시켜 뽑은 제품으로서 파스타에는 마카로니, 스파게티, 버미셀리, 라비올리, 까낼로니 등등 여러 명칭의 종류가 있다.

Pastry[peistri] 빵과자, 과자(영)

Pasty[pæsti] 익혀 갈은 고기와 향신료, 감자를 페이스트리 반죽으로 싸서 구운 것

Páte[pɑːt] 반죽, 밀가루 반죽(프)

Pátisserie[pɑtisri] 불란서 제과(pastry) 또는 제과점(프)

Paupiette[popjɛt] 속을 채워 넣고 둥글게 말아서 브래이즈 조리하여 얇게 썰은 고기, 슬라이스 조각

Paysanne, A la : 버터에 졸인 야채를 곁들여 서브하는 수프나 육류 요리

Pec[pɛk] 소금에 절인(프)

Peel[piːl] 피부, 껍질, 껍질을 벗기다(영)

Pemmican[pemìkən] 말린 쇠고기에 지방, 과일을 섞어 굳힌 휴대 음식 : 페미컨

Pestro : 식용유와 안초비, 허브류, 마늘로 만든 그린 소스

Petit Dejeuner : 조반(불) = Breakfast

Petite Marmite : 치즈를 씌워 덮은 토스트 조각을 수프 위에 띄우고 고기나 가금육의 얇은 조각을 곁들여서 도자기 그릇에 진한 야채 수프를 담고 뚜껑을 덮어 서브한다(프)

Petite-Fours : 퐁당 아이싱(foundant icing)에 담갔다 내는 작고 맛있는 케이크로 마카룬, 쇼트 브래드, 버터쿠키와 같은 팬시쿠키(fancy cookies)

Petits Pois : 싱싱한 완두콩(프)

Piccata : 일반적으로 송아지에서 잘라낸 작은 커틀릿

Pickle[pikl] 절이다, 담그다(영)

Pie[pɑi] 페이스트리 크러스트(pastry crust)를 밑바닥 위쪽, 혹은 위, 아래 모두에 채운 고기나 야채로 만든 구운 요리

Pignolias : 잣(pine nuts)

Piquant[pikɑ̃] 양념을 많이 해서 매운

Piquer[pike] 고기나 가금류에 베이컨 가닥을 끼워 넣는 것

Plate[pleit] 소의 갈비 밑의 고기(영)

Poaching[poutʃiŋ] 데치기, 삶기

Poéler[pwɑle] 오븐에서 뚜껑을 덮고 뭉근히 끓이는 것

Pois[pwɑ] 완두콩(프)

Poisson[pwɑsɔ̃] 생선(프)

Poivrade[pwɑvrɑd] 갈은 엽조(수)육 : 페퍼 소스(pepper sauce) 가염한 작은 식용 아티초크

Polnta : 콘밀(corn meal)(이)

Pomme[pɔm] 사과(프)

Pomme de terre : 감자(프)

Parc[pɔ:r]　돼지(프)

Portion[pɔrsjɔ̃]　부분, 몫, 한끼분의 식사

Port du salut : 풍미가 생겨 나도록 숙성시킨 유백색의 반연질 치즈(프)

Portugaise[pɔrtygɛ:z]　토마토에 기름을 넣고 조린 것으로 마늘, 양파, 파슬리를 첨가(프)

Postum[pɔstʌm]　껍질류로 만든 대용 커피(영)

Potage[pɔtɑ:ʒ]　수프(프)

Pot-au-feu[fɔtofϕ]　맛이 아주 진한 야채수프(프)

Potée[pɔte]　남비, 버터구이한 야채, 수프의 일종(프)

Poularde[pulɑrd]　살찌운 닭, 영계(프)

Pound[pɑund]　파운드(영) 무게의 단위 : 453.592**g**

Proline[prɑlin]　피칸과 설탕, 크림으로 만든 과자의 일종

Pranzo[prantʃɔ]　정찬(이)

Préparer[preprɑre]　요리 준비하는 것

Printaniere[prɛ̃tɑnjɛ:r]　봄야채(프)

Profiterolles[prɔfitrɔls]　크림, 치즈 섞은 것, 커스타드, 다른 향기로운 속과 크림 부풀게 굽는 과자용 반죽으로 만든 작은 퍼프(puffs)

Prosciutto[prɔʃut]　이탈리아산 햄(주사위꼴로 썰어 소금에 절이고, 조미하여 압착한 돈육)

Provencale a, la　프로방스식, 브라운 소스와 토마토, 마늘, 양파, 향신료를 사용하는 조리방식의 요리

PSI : 사방인치당 파운드(압력) (Ibs per square inch)

Pulpe[pylp]　야채나 과일의 과육으로 만든 수분이 많은 페이스트(paste)

Pungent[pʌndʒənt]　매운, 얼얼한, 자극성의(영)

Puppadum : 음료(술)와 식사, 카레 요리 또는 차(tea)에 곁들여 내는 얇고 둥글며 바삭한 인도의 웨이퍼(wafer)

Purée[pyre]　음식 재료를 체에 내리거나 갈아서 부드럽고 걸쭉하게 만든 것

Q

Quatre-Quarts[kɑtrkɑ:r]　밀가루, 버터, 설탕, 달걀을 똑같은 분량으로 섞어 만든 케이크(프)

Quartiers[kɑrtje]　야채, 과일, 고기의 1/4 분량

Quche : 파이 반죽에 커스타드(custard)와 같은 혼합물을 부어 구은 것, 오르되브르나 점심요리용으로 서브한다. 가장 유명한 귀류로렌(Quiche lorraine)은 그뤼예르치즈와 주사위꼴로 썬 햄이나 베이컨으로 만들어진다(프)

Quenelle[kənɛl]　육류, 생선, 가금류, 혹은 엽조류로 만든 덤블링

R

Raclette[rɑklɛt]　유명한 스위스 요리 : 삶은 감자와 거어킨(gherkin)을 곁들여 내는 긁어내어 (scraped) 녹인 치즈

Ragosto Menuto[rɑgost　menjuto]　닭의 날개찜(이)

Ragout[rɑgu]　육류와 생선 또는 가금육과 야채로 만드는 맛좋은 스튜 요리(프)

Ramekin[ræmkin]　바닥이 얕은 질그릇이나 차이나 그릇에 식품을 채워 담고 구워 서브하는 것

Rasher[ræʃə˞r]　베이컨 또는 햄을 얇게 썬 조각(영)

Ratatouille[rɑtɑtuj]　각종 야채를 별도로 올리브유로 볶는 것을 섞어 만든 스튜

Ravigote[rɑvigɔt]　소스의 일종 : fios herbes와 겨자를 넣은 마요네즈(프)

Ready Food　미리 요리된 음식이나 요리

Réchauffer[reʃofe]　따뜻하게 덮히다

Reconstitute　수분을 첨가해 줌으로써 원래의 형태(form)나 상태(condition)로 회복시키는 것

Recuire[rekyiːr]　다시 굽다, 지지다, 익히다(프)

Réduction[redyksjɔ̃]　용액이 소스의 맛을 짙게 하고 풍미를 진하게 하는 조작, 용액을 아주 뭉근히 서서히 끓여서 원래 부피의 ½ 용량으로 조릴 때까지 걸쭉하게 농축시킨다.

Réduire[redyiːr]　액체를 끓여 조린다.

Relevé[rəlve]　주요 요리(main dish)

Relever[rəlve]　향신료를 첨가하여 맛을 증가시킨다.

Relish[reliʃ]　맛, 풍미, 향기(영)

Remouillage : 스톡 포트(pot) 그레이비

Remoulade : 마요네즈, 거어킨, 양파, 타라곤, 케어퍼, 안초비 진액, 처빌로 만드는 양념 향이 센 소스(a highly seasoned sauce)

Revenir[rəvniːr]　버터나 지방으로 음식 재료를 연갈색 내는 것

Rib[rib]　늑골, 갈비뼈 : 갈비고기(영)

Riceflour[rɑisflɑuər]　쌀을 빻은 가루

Rillettes[rijɛt]　잘게 다져서 기름에 지진 돼지 또는 거위 고기로 rillettes du Mans. rillettles de Tours가 유명

Risotto[risɔːto]　쌀밥요리(이) (Rice Dish)

Rissole[risɔl]　아주 얇은 퍼프 페이스트에 포스미트를 채워 봉하고 기름에 튀기는 고기 만두 요리(프)

Rissoler[risɔle]　갈색을 내는 것(프)

Roasting[roustiŋ]　불고기(영)

Roe[rou]　어란의 총칭, 벨루가 캐비어가 경질어란 중에서는 제일 좋다. 청어알과 연어알은 연질어란이며 캐비아 대신 많이 사용되며 가니쉬로도 이용된다.

Rollmops[roulmɔpz]　백포도주에 담근 청어(영)

Roquefort[rɔkfɔːr]　아주 얼얼한 맛을 가지며 푸른곰팡이로 숙성하는 불란서산 반연질 치즈(프)

Rosehips : 젤리, 소스, 음료 제조에 사용되는 도그 장미(doy rose)의 붉은 열매

Rosewater[rouzwɔːtər]　장미꽃 잎에서 증류하여 낸 용액

Rotie[roti]　토스트(프)

Roux[ru]　버터나 지방에 밀가루를 섞어 흰색이나 갈색으로 볶아 섞은 혼합물로 수프와 소스를 되직하게 하는 농밀제로 사용된다.

Royale[rwɑjɑl]　계란과 우유를 포치한 커스터드(custard)

S

Sabayon[sɑbɑyon]　휘저어 푼 계란과 설탕, 백포도주, 향미제(flavoring)로 만든 소스나 디저트

Saccharin[sækərin]　당도가 설탕에 비해 300배나 더 달며 식품가치가 없으나 무열량(calorie-free) 감미료로서 사용된다.

Saddle[sædl]　안장, 등심(영)

Sago[sejgou]　야자수 나무(paln tree)에서 얻어지는 밀가루 같은 물질로서 농밀제로 사용

Saignant : 거의 익히지 않은 고기

Saisir[sædʒiːr]　강한 불로 표면만 살짝 굽는다(프)

Salicoque[sɑlikɔk]　매우 작은 새우의 일종(프)

Salmander[sæləmændər]　상부에 열원이 있고 하부에 선반이 받쳐져 있는 소형 브로일러

Salmis[sɑlmi]　로스트한 엽수(조)육 스튜 요리

Salpicon[sɑlpikɔ̃]　잘게 주사위꼴로 썬 고기와 야채에 소스로 버무린 혼합물로서 카나페와 크로켓, 탱발(timbale)에 사용된다.

Saltimbocca[sɑltimbokɑ]　쇠고기와 햄의 스튜(이)

Sasser[sɑse]　(밀가루 따위를) 체로 치다(프)

Saucer[sose]　소스에 적시다(프)

Saumure[somyːr]　소금물(프)

Saupoudrer[sopudre]　뿌리다, 튀기는 것

Sautoir[sotwɑːr]　긴 손잡이가 부착되어 있고 곧은 벽면과 얇은 바닥을 하고 있으며 크고 둥글고 무거운 팬으로서 소테 조리에 사용된다.

Savories : 치즈 스트로(cheese straw) 타틀렛, 치즈 비스킷과 같은 가벼운 요리(light dishes) 식사(meal) 끝에 서브한다.

Scallop[skɔləp]　가리비 조개(영)

Scampi[skæmpi]　커다란 새우

Score[skɔːr]　미국의 표준 등급 심사소에서 정하는 버터에 대한 품질표시 점수로서 등급을 나타낸다. 예로서 U.S.Grade. AA나 U.S.93 Score는 최고의 품질을 뜻한다. 품질점수나 등급(grade)은 향과 밀도(body), 색염농도 등의 요소로 분류되어 판정 결정된다.

Scoring[skɔːriŋ] 스테이크를 둘러싸고 비계나 햄을 덮고 있는 비계층이나 파이껍질을 점 칼로 깊이 베는 것

Sear[siər] 높은 온도(열)로 고기 표면을 갈색 내는 것

Sec[sɛk] 드라이(dry)한 (포도주나 샴페인처럼)(프)

Seethe[siːð] 삶다(영)

Selle[sɛl] 갈비 부분의 고기(프)

Semolina[semə linə] 제분 공장에서 사용되지 않는 듀럼밀(durum wheat)의 고운 글루텐 입자로서 파스타(pastas)와 푸딩 제조 시에 사용된다.

Shallot[ʃəlɔt] 양파의 일종으로서 온화한 맛을 지닌다. 이 작물은 몇 배의 송이가 측생으로 달리는 구근을 형성한다.

Shank[ʃæŋk] 정강이 부분의 고기(영)

Shellfish[ʃelfiʃ] 게, 바닷가재, 새우를 뜻하는 갑각류(crustaceans)와 전복, 대합, 굴, 가리비를 뜻하는 연체류(mollusks)로 분류된다.

Sherbet or Soret : 과일즙과 설탕, 우유를 배합하여 얼린 혼합물, 젤라틴과 계란 흰자가 때때로 첨가되기도 한다. (프)

Sillabub[siləbʌb] 포도주나 럼주, 거품을 낸 크림, 설탕을 섞어서 만든 음료(영)

Simmering[simәriŋ] 약한 불로 오랫동안 끓이는 것

Simple Syrup : 설탕과 물을 동량 혼합하여, 설탕이 녹을 때까지 끓인 것으로서 음료(drinks)에 감미제로 사용된다.

Skewer[skjuər] 브로일링하기 위해 야채와(또는) 고기 작은 조각을 고정시키기 위해 끼우는 얇고 뾰족한 나무 꼬챙이나 금속핀

Skilligalee[skiligɑliː] 즉석 스튜(영)

Sorbétiere[sɔrbətiɛːr] 소베르 아이스크림 제조기(프)

Soubis[suːbːz] 여러 종류의 육류 요리에 곁들여 내는 체에 내린 양파와 버터 또는 크림

Soufflé[sufle] 가루, 설탕, 우유, 달걀로 만든 과자(프)

Souper[supe] 만찬(프)

Sous Chef[suʃɛt] 부주방장(assistant to the head chef)(프)

Soy Beans : 인조육으로 사용되는 콩으로서 식용유와 밀가루 또는 동양의 요리에 곁들여 나가는 간장(a soy sauce)의 제조에도 사용된다.

Spaetzle : 스톡에 삶아 익히는 오스트리아식 작은 덤플링으로서 수프나 육류 요리에 가니쉬로써 곁들여 낸다.(독)

Spatchcoch[spætʃkɔk] 잡아서 곧 구운 닭요리(영)

Spice Sachet : 소창천에 담아 묶은 여러 종류의 향신료와 허브류로서 수프와 소스 기타 요리에 풍미를 부여하기 위해 사용된다.

Spit[spit] 로스팅하거나 바비큐하거나 불에 직접 구울 때 사용하는 뾰족한 쇠꼬챙이

Spring-Form Pan : 테두리를 벗겨낼 수 있는 베이킹 팬(baking pan) 돌쩌귀가 있는 죔틀이 테두

리와 바닥을 함께 부각시켜 준다.

Steamer[sti:mər]　증기 압력 쿠커

Strain[strein]　거르다, 걸러내다

Steaming[sti:miŋ]　김증기, 김쐬기

Steep[sti:p]　향을 추출하기 위해 뜨거운 용액에 담그는 것

Stewing[stjuiŋ]　찜하는 것

Stilton Cheese : 푸른 곰팡이로 숙성하는 영국산 반연질 치즈. 향긋한 맛이 있으며 디저트 치즈로서 좋다.

Stock[stɔk]　뼈와 고기, 어육, 엽조육 또는 야채 부스러기를 삶아서 우려 낸 용액.

Suet[sjuit]　소와 양, 송아지, 새끼양의 콩팥을 둘러싸고 있는 딱딱한 지방질로서 증기에 찌는 푸딩과 곱게 다진 고기, Suet-crust pastry에 사용된다.

Suprème[syprɛm]　최고의, 최상의, 닭의 가슴살(프)

Swede[swi:d]　황색의 큰무 = Swedish turnip

Sweetbread[swi:tbræd]　송아지의 후두육, 송아지의 지라 또는 흉선

Syllabub[siləbʌb]　빽빽하게 치댄(stiffy beaten) 크림과 설탕, 포도주로 만든 영국의 전통적인 디저트의 일종

T

Tabasco[təbæskou]　식초와 매운 고추로 제조되는 매운 맛을 지닌 양념 소스의 상표

Table d'hote : 각자의 음식항목마다 가격이 각기 정해 있는 알라카프(a la carte)와는 달리 완전한 식사 한끼 단위로 가격이 책정되는 형식이다.

Tagliatelle[tɑliɑtele]　파스타의 일종, 소면용의 가는 국수(이)

Taglierini[tɑriɑri:ni]　호렌초를 넣어 만든 녹색의 국수(이)

Tahina[tɑ:hinɑ]　참깨를 으깨어 만든 반죽(paste)

Tampon[tɑ̃pɔ̃]　구운 빵, 쌀, 지방으로 만든 base

Tarragon Vinegar : 타라곤을 첨가하여 향을 낸 흰 식초

Tartar-Steak : 여러 가지 양념 날고기(raw ground beef)

Tartelette[tɑrtəlɛt]　작은 파이(1인분용의 tarte)(프)

Tartlet[tɑ:rtlɛt]　작은 타르트

Terrapin[terəpin]　민물에서 사는 자라

Terrine[tɛri:n]　도기 캐서롤(earthenware casserole) 또는 치킨테린과 같은 방식으로 조리하여 내는 요리를 통칭하는 용어이기도 하다.

Thickening[θikiŋ]　소스나 브롯 또는 용액 식품에 밀가루나 전분, 갈분, 계란, 버터에 루(roux)를 첨가함으로써 밀도를 부여하는 것

Tidbit[tidbit]　맛있는 음식, 전채, 후식(영)

Timbale[tɛ̃bɑl] 곱게 갈은 고기에 양념을 하고 야채와 생계란을 첨가하여 버무린 뒤 오븐에 물 중탕으로 구워낸 것

Timbale Shells or Rosettes : 뜨겁게 달군 철제 탱발(timbale)틀을 묽은 배터(batter)에 담갔다가 뜨거운 기름에 튀겨 만든 바삭한 셸(shell) 또는 케이스(cases)로서 보통(ramed chicken)으로 채워진다.

Tongue[tʌŋ] 혀(영)

Torrone 누가(nougat)(이)

Tortue[tɔrty] 자라(turtle)(프)

Tournedos[turnədo] 쇠고기 안심에서 잘라내는 작은 스테이크(프)

Trancher[trɑ̃ʃe] 자르다, 베다, 끊다(프)

Treacle : 설탕 재정제(sugar-refining) 과정에서 부산물로 생성되는 걸죽하고 어두운 색의 시럽

Tremper[trɑ̃pe] 담그다, 적시다, 물을 섞다(프)

Trifle[trɑ:fl] 스펀지 케이크에 포도주를 뿌리고 잼과 진한 커스타드 소스(rich custare sauce)와 휩크림을 혼합하여 발라 만든 영국 디저트의 일종

Tripe[tr:p] 소의 위

Truffle[trʌfl] 프랑스와 이탈리아에서 발견되는 둥글고 자극성의 맛을 지니는 검은 버섯류로서 소스와 빠떼, 스터핑 요리에 쓰이며 데코레이션에도 사용된다.

Truss[trʌs] 조리하는 동안 모양을 잡아 주고 육즙을 보존하기 위해 가금류나 엽조류의 날개와 다리를 실로 묶어 주거나 꼬챙이로 끼우는 것

U

Uovo[u:vo] 달걀, 알(이)

Uva[uvɑ] 포도(이)

V

Veau 송아지(프)

Vermicelli[vɛrmisɛl] 수프에 사용되는 길고 아주 가느다란 일종의 파스타 제품

Vert[vɛ:r] 녹색의(프)

Vesiga[veziʒɑ] 철갑상어의 척추골(spine marrow)

Viande[vjɑ̃:d] 육류(meat)(프)

Vichy, A la. 야채류를 버터와 소량의 설탕을 첨가한 물에 넣어 익히는 것. 보통 당근을 뜻한다. 프랑스 비시지방의 광천수(eau de vichy)는 야채에 독특하고 진귀한 맛을 부여한다(프)

Vichyssoise[viʃiswɑ:z] 체에 내린 토마토와 잘게 다진(chopped) 부추, 치킨스톡, 크림을 사용하여 만드는 차가운 수프의 일종. 다진 산파(chopped chives)를 가니쉬로 곁들여서 차게 서브한다.

Vin[vɛ̃] 포도주(프)

Vinaigrette Sauce : 식용유와 포도주(wine vinegar)로 허브류를 혼합한 것

Vitamin[vɑitəmin] 동물과 식물에서 발견되어지는 유기물질로서 정상적인 신진대사 기능에 관여하는 없어서는 안 될 필수 영양소이다.

Volaille[vɔlɑːj] 가금류(프)

Vol-Au-Vent[vɔlovɑ̃] 소스로 버무린 고기나 가금육, 어육을 채워 넣어 서브하는 퍼프 페이스트리 셸(puff pastry shell)이다.

W

Whip[hwip] 계란과 같은 재료들을 휘돌려 치대어서 공기를 넣음으로써 부피가 증가되도록 거품내는 것

Whiskey[hwiski] 곡류(주로 밀)로 만든 증류수, 위스키(영)

Worcestershire Sauce : 육류와 기타 식품에 맛을 내기 위해 사용하는 어두운 빛깔의 향긋한 소스 상표명

Y

Teast[iiːst] 효모(영)

Yolk[jɔːrk] 노른자, 난황(영)

Z

Zabaglione[zɑbɑliɔnɛ] 휘저어 푼 계란 노른자와 마르샬라 포도주, 꿀로 만든 스위트 소스 혹은 디저트의 일종. 디저트로서 사용될 때에는 휘저어 푼 계란흰자를 개어 섞는다.

Zamponi[tzɑmpɔni] 돼지 족발의 살가죽에 음식을 채워 놓은 요리(이)

Zest[zest] 레몬과 같은 신과일의 바깥쪽인 색있는 부위의 외피(the peel)

Ziti 파스타의 일종

Zucchini[tzukiːni] 참외, 호박(이)

Zwieback[tsvɑibɑk] 러스크(rusks)와 유사한 살짝 구운 딱딱하고 바삭한 비스킷

부록 II 식품재료명

FISH

Mackerel 고등어
Tunny 다랑어
John Dory 달고기
Octopus 문어
Oyster 굴
Pollack 명태
Sea Bass 농어
Balck Snapper 흑도미
Sea Mussel 홍합
Orange Shell Fish 오렌지 조개
Sea Eel 바다장어
Sole 혀넙치(박대)
Herring 청어
Lobster 바닷가재
Trout 송어
Cuttle-Fish 오징어
River Eel 민물장어
Eye Shell 판자
Hair Tail 갈치
Halibut 광어
Flounder 넙치
Yellow Tail 조기
Turbot 가자미
Scallop 가리비
Anchovy 멸치
Caviar 상어알
Sardine 정어리
Horse Mackerel 아지
Sea Cucumber 해삼
Jack Mackerel 꽁치
Sea Arrow 꼴뚜기
Squid 낙지
Cod 대구
Laver 미역
Green Laver 파래
Sea Urchin 성게
Grussdian Carp 붕어
Top shell 소라

VEGETABLES

Bamboo Shoot 죽순
Asparagus 아스파라거스
Green Bean 줄기콩
Green Peas 완두콩
Corn 옥수수
Ginseng 인삼
Mushroom 버섯
Tomato 토마토
Turnip an 순무
Bean Sprout 콩나물
Artichoqke 엉겅퀴
Brussel Sprout 싹양배추
Bracken 고사리
Burdock 우엉
Cabbage. Chinese 호배추
Cabbage. White 양배추
Carrot 당근
Cauliflower 꽃양배추
Celery 셀러리
Cucumber 오이
Crown Daisy 쑥갓
Egg-Plant 가지
Garlic 마늘
Ginger 생강
Leek 대파
Lettuce Head 양상추
Lettuce Leaves 잎상추
Lotus Root 연근
Onion 양파
Parsley 파슬리
Pepper. Green Korean 풋고추
Pepper. Red Korean 홍고추
Pimento 피망
Platy codon 도라지
Potato 감자
Pumpkin 호박
Red Radish 홍무
Sesame Leaves 깻잎
Sweet Potato 고구마
Swiss Chard 근대
Spinach 시금치
Squash 애호박
Shepherds Purse 냉이
Watercress 미나리
Mungwart 쑥
Truffle 송로(버섯)
Morels 곰보버섯
Beetroot 비트 뿌리
Brocoli 브로콜리
Lima Bean 리마콩

FRUIT

Apple 사과
Grape 포도
Melon 참외
Pear 배
Persimmon 감
Pineapple 파인애플
Plum 서양자두
Peach 복숭아
Strawberry 딸기
Tangerine 밀감
Water Melon 수박
Papaya 파파야
Apricot 살구
Orange 오렌지
Lemon 레몬
Raspberry 산딸기
Grapefruit 그레이프 프루츠(자몽)
Cranberry 월귤 나무 열매
Mango 망고
Currant 씨없는 건포도
Cantaloupe 참외(미국산)
Muskmelon 사향 참외
Date 대추
Wild Grape 머루

MEAT

Beef Tenderloin 소안심
Beef Marrow Bone 소사골
Beef Bone 소뼈
Beef Rib 소갈비
Beef Round 소방심
Oxtsil 소꼬리
Beef Tripe 소의 양
Pork Belly 돼지뱃살
Pork Bone 돼지뼈
Pork Rib 돼지갈비
Pork Loin 돼지등심
Pork Round 돼지방심
Pork Fat 돼지기름
Pork Tenderloin 돼지안심
Chicken 닭
Quail 메추라기
Egg 계란
Beef Shank 소정갱이살
Beef Brisket 소옆구리살
Beef Top Round 소엉덩이살
Beef Striploin 소허리살
Beef Rib Eye Roll 소옆구리살 둥글게 만 것
Beef Tongue 소혀
Beef Chuck 소어깨살
Beef Kidney 소콩팥
Lamb 양
Lamb Sweet Bread 양고기 지라
Lamb Rack 양등고기
Lamb Leg 양다리
Veal Sweet Bread 송아지 지라
Veal Liver 송아지 간
Veal Loin 송아지 등심
Veal Tenderloin 송아지 안심
Veal Kidney 송아지 콩팥
Veal Tongue 송아지 혀
Veal Leg 송아지 다리
Veal Hind Shank 송아지 정강이살
Pheasant 꿩
Duckling 오리
Turkey 칠면조
Goose 거위
Goose Liver 거위간
Frog Leg 개구리 다리
Boar 멧돼지
Suckling Pig 젖먹이 돼지
Venison 사슴
Rabbit 토끼

OTHER

Acorn Jelly 도토리묵
Bean Curd 두부
Bean Paste 된장
Gingkonut 은행
Rice 쌀
Salt 소금
Sesame Oil 참기름
Soy Bean Sauce 간장
Olive Oil 올리브 기름
Bay Leaf 월계수 잎
Cardamon 카다몬
Caraway 캐러웨이
Cloves 클로브(정향)
Coriander 고수(미나리과)
Juniper Berries 노간주나무 열매
Majoram Leaf 마조람 잎
Nutmeg 넛멕
Oregano 오레가노
Paprika 고추의 일종 파프리카
Poppy Seed 포피 씨(양귀비과)
Mustard 양겨자
Horseradish 냉이뿌리
Saffron 사프란
Thyme 타임
Turmeric 터메릭

Almond 아몬드
Yeast 이스트
Chestnut 밤
Peanut 땅콩
Walnut 호두
Pinenut 잣
Butter 버터
Coffee 커피
Honey 꿀
Peach Jam 복숭아 잼
Vermicelli Glass Noodles 당면
Spaghetti 스파게티
Corn Starch 녹말가루
Corn Syrup 물엿
Chocolate 초콜릿
Gelatine Powder 가루 젤라틴
Rye Flour 호밀가루
Wheat Flour 밀가루
Margarine 마가린
Accen 미원
Cinnamon Powder 계핏가루
Vinegar 식초
Dill 딜
Honey Pops 옥수수 튀김
Rice Crispies 쌀 튀각
Potato Chips 감자 칩
Beancurd Refuse 비지

STEWARD

Cup 컵
Saucer 받침접시
Teaspoon 티스푼
Soup Cup 수프 컵
Soup Plate 수프 접시
Salad Plate 샐러드 접시
Soup Spoon 수프용 스푼
Dessert Spoon 후식용 스푼
Knife 칼
Fork 포크
Salad Fork 샐러드 포크
Dessert Fork 후식용 포크
Side Plate 반찬 그릇
Underliner Plate 받침 접시
Dinner Plate 반찬용 접시
Salad Plate 샐러드용 접시
Dessert Plate 후식용 접시
Water Glass 식수용 유리잔
Beer Glass 맥주용 유리잔
Wine Glass 포도주용 유리잔
Brandy Glass 브랜디용 유리잔
Salt and Pepper Shaker 소금과 후추병
Ashtry 재떨이
Service Tray 서브용 쟁반
Coffee Pot 커피 포트
Teapot 티 포트
Sugar Bowl 설탕 그릇
Milk Jug 우유 주전자
Water Jug 물 주전자
Ice Bucket 얼음통
Chafing Dish 체핑 디시
Plat Cover 접시 덮개
Chafing Dishpan 체핑 디시팬
Garbage Can 쓰레기통
Platter 큰접시
Mirror 거울
Salad Bowl 샐러드용 그릇
Service Spoon 서브 스푼
Sauce Boat 소스용 작은 그릇
Cake Stand 케이크 선반
Class Rack 글라스 선반
Cup Rack 컵 선반
Candlestic 촛대
Butter Dish 버터 그릇
Napkin 냅킨
Rag 헝겊
Soap 비누
Silver Polish 은그릇 광약
Glass Polish 유리광약
Machine Soap 기계용 비누
Soup Ladle 국자
Punch Bowl 펀치 볼
Ice-Cream Bowl 아이스크림 그릇

참고 문헌

1. 진양호 외 1인, "식품조리과학" (이론과 실무), 지구문화사, 2007.
2. 진양호 외 1인, "메뉴관리론" (호텔&외식산업), 지구문화사, 2000.
3. 진양호, "새 조리 기능사", 지구문화사, 1992.
4. 진양호 외 2인, "서양조리", 지구문화사, 1990.
5. 진양호, "현대 서양요리", 형설출판사, 1990.
6. Leroi A. Folsom. B.S. Instructor, "The professional chef", Wi-Sconsin Cuneopress, Inc., 8th. 2006.
7. George Seddon & Jackie Burrow, "The Natural Food Cookbook" , Exeter Books, Inc., 1984.
8. Albin G. Seaberg, "Menu Design", CBI Publishing Company, Inc., 1990.
9. Norma Macmillan and Wendy James, "The complete colour cookbook", orbis Publishing Limited, 1983.
10. Rachel Grenfell, "The only Cookbook", mitchell Beazley Publishers Limited, 1982.
11. Christian Teubner and Annette Wolter, "The Best of Salads and Buffet cookery", The Hamlyn Publishing Group Limited, 1982.
12. Michael. Small, "Buffet & Receptions", Ebenezer Bayies & Con Ltd, 1980.
13. Eugen pauli, "Classical Cooking the modern Way", CBI Publishing Company, Inc, 1979.
14. Herring, "Herring's Dictionary", London, 1978.
15. Prosper Montagne, "The New Larousse Gastronomiane", Crown Publishing, Inc, 1977.
16. Irma S. Rombauer, Marion Rombaur Beaker, "Joy of Cooking", The Bobbs-merrill company, Inc, 1975.
17. The culinary Institute of America, "The professional chef" 7th edition, 2007.

만들기 쉬운 서양조리

2009년 6월 20일 초판 발행
2018년 2월 25일 개정판 발행

저 자 진 양 호
발행인 주 병 오

발행처 지구문화사 JIGU PUBLISHING Co.
경기도 파주시 교하읍 문발리
파주출판문화정보산업단지 518-2
영업부 (031) 955-7566·7577
편집부 (031) 955-7731
FAX (031) 955-7730

등록번호 1979년 7월 13일 제 9-57 호

ISBN 978-89-7006-469-7 가격 22,000 원

본서의 무단복제 또는 복사는 저작권법
침해이오니 절대 삼가하시기 바랍니다.